L'ENFANT PRODIGUE,

COMÉDIE

EN VERS DISSILLABES,

Représentée sur le Théatre de la Comédie Françaife le 10 Octobre 1736.

Le prix eft de trente fols.

A PARIS,

Chez PRAULT fils, Quay de Conty, vis-à-vis la defcente du Pont-neuf, à la Charité.

———————

M. DCC. XXXVIII.

Avec Approbation & Privilége du Roi.

PREFACE

IL est assez étrange que l'on n'ait pas songé plutôt à imprimer cette Comédie, qui fut jouée il y a près de deux ans, & qui eut environ trente Représentations. L'Auteur ne s'est point encore déclaré. On l'a attribuée à l'Auteur de la Henriade & d'Alzire : nous ne voions pas trop sur quel fondement ; le stile de ces Ouvrages est si différent de celui-ci, qu'il ne permet guéres d'y reconnaître la même main. On a prétendu qu'elle étoit d'un homme de la Cour déja connu par des choses très-ingenieuses qu'on a de lui. On l'a donnée à un homme d'une proféssion plus sérieuse.

Quel que soit l'Auteur, nous présentons cette Piece au Public comme la premiere Comédie qui soit écrite en vers de cinq pieds ; peut-être cette nouveauté engagera-t-elle quelqu'un à se servir de cette mesure : elle produira sur le Théâtre Français de la variété ; & qui donne des plaisirs nouveaux, est toujours bien reçu.

a ij

PREFACE

Si la Comédie doit être la repréfentation des mœurs, cette Piece femble être affez de ce caractere: on y voit un mêlange de férieux & de plaifanterie, de comique & de touchant. C'eft ainfi que la vie des hommes eft bigarée ; fouvent même une feule avanture produit tous ces contraftes. Rien n'eft fi commun qu'une maifon dans laquelle un pere gronde, une fille occupée de fa paffion pleure, le fils fe mocque des deux , & quelques parens prennent différemment part à la fcéne. On raille très-fouvent dans une chambre, de ce qui attendrit dans la chambre voifine ; & la même perfonne a quelquefois ri & pleuré de la même chofe dans le même quart d'heure.

Une Dame très-refpectable étant un jour au chevet d'une de fes filles qui étoit en danger de mort, entourée de toute fa famille, s'écrioit en fondant en larmes : *Mon Dieu , rendez-la-moi , & prenez tous mes autres enfans.* Un homme qui avoit époufé une de fes filles, s'approcha d'elle, & la tirant par la manche, *Madame*, dit-il, *les gendres en font-ils ?* Le fens froid & le comique avec lequel il prononça ces paroles, fit un tel effet fur cette Dame affligée , qu'elle fortit en éclatant de rire ; tout le monde la fuivit en riant, & la malade ayant fçu de quoi il étoit queftion, fe mit à rire comme les autres.

Nous n'inférons pas de là que toute Comédie doive avoir des Scénes de bouffonnerie & des Scenes attendriffantes; il y a beaucoup de très-bonnes Pieces où il ne regne que de la gaïeté, d'autres toutes sérieuses, d'autres mêlangées, d'autres où l'attendrissement va jusques aux larmes; il ne faut donner l'exclusion à aucun genre, & si on me demandoit quel genre est le meilleur, je répondrois : *celui qui est le mieux traité.*

Il seroit peut-être à propos & conforme au goût de ce siécle raisonneur, d'examiner ici quelle est cette sorte de plaisanterie qui nous fait rire à la Comédie.

La cause du rire est une de ces choses plus senties que connues; l'admirable Moliere, Renard qui le vaut quelquefois, & les Auteurs de tant de jolies petites Pieces, se sont contentés d'exciter en nous ce plaisir, sans nous en rendre jamais raison & sans nous dire leur secret.

J'ai cru remarquer aux Spectacles qu'il ne s'éleve presque jamais de ces éclats de rire universels qu'à l'occasion d'une méprise. Mercure pris pour Sosie, le Chevalier Menechme pris pour son frere, Crispin faisant son testament sous le nom du bon-homme Geronte, Valere parlant à Harpagon des beaux yeux de sa fille, tandis qu'Harpagon n'entend que les beaux yeux de sa Cassette, Pourceaugnac, à qui on tâte le poulx, parce qu'on le veut faire passer pour fou. En un mot les méprises, les équivoques de ce genre, les travestissemens qui occasionnent ces méprises, les contrastes qui en font la suite, excitent un rire général.

PRÉFACE.

Arlequin ne fait guéres rire que quand il se méprend, & voilà pourquoi le titre de *Balourd* lui étoit si bien approprié.

Il y a bien d'autres genres de comique : il y a des plaisanteries qui causent une autre sorte de plaisir; mais je n'ai jamais vû ce qui s'appelle rire de tout son cœur, soit aux Spectacles, soit dans la société, que dans des cas approchans de ceux dont je viens de parler.

Il y a des caractères ridicules dont la représentation plaît, sans causer ce rire immodéré de joie ; Trissotin & Vadius, par exemple, semblent être de ce genre, le *Joueur*, le *Grondeur*, qui font un plaisir inexprimable, ne permettent guéres le rire éclatant.

Il y a d'autres ridicules mêlés de vice dont on est charmé de voir la peinture, & qui ne causent qu'un plaisir sérieux. Un malhonnête homme ne fera jamais rire ; parce que dans le rire il entre toujours de la gaïeté incompatible avec le mépris & l'indignation.

Il est vrai qu'on rit au Tartuffe, mais ce n'est pas de son hipocrisie, c'est de la méprise du bon-homme qui le croit un Saint, & l'hipocrisie une fois reconnue, on ne rit plus, on sent d'autres impressions.

On pourroit aisément remonter aux sources de nos autres sentimens, à ce qui excite la gaïeté, la curiosité, l'intérêt, l'émotion, les larmes.

Ce seroit sur-tout aux Auteurs Dramatiques à

nous développer tous ces refforts, puifque ce
font eux qui les font jouer. Mais ils font plus
occupés de remuer les paffions que de les examiner : ils font perfuadés qu'un fentiment vaut
mieux qu'une définition ; je fuis trop de leur
avis pour mettre un Traité de Philofophie au
devant d'une Piece de Théatre.

Je me bornerai fimplement à infifter encore
un peu fur la néceffité où nous fommes d'avoir
des chofes nouvelles.

Si on avoit toujours mis fur le Théatre tragi-
que la Grandeur Romaine, à la fin on en feroit
rebuté. Si les Héros ne parloient jamais que
tendreffe, on feroit affadi :

O Imitatores fervum pecus !

Les bons Ouvrages que nous avons depuis
les Corneilles, les Molieres, les Racines, les
Quinauts, les le Bruns, me paroiffent tous avoir
quelque chofe de neuf & d'original qui les a
fauvés du naufrage. Encore une fois tous les
genres font bons, hors le genre ennuyeux.

Ainfi il ne faut jamais dire, fi cette mufique
n'a pas réuffi, fi ce tableau ne plaît pas, fi cette
piece eft tombée, c'eft que cela étoit d'une efpece nouvelle ; il faut dire, c'eft que cela ne
vaut rien dans fon efpece.

ACTEURS.

EUPHEMON pere.

EUPHEMON fils.

FIERENFAT, Président de Coignac, second fils d'Euphemon.

RONDON, Bourgeois de Coignac.

LISE, fille de Rondon.

La BARONNE de Croupillac.

MARTHE, Suivante de Lise.

JASMIN, Valet d'Euphemon fils.

La Scéne est à Coignac.

L'ENFANT

L'ENFANT PRODIGUE, COMEDIE.

✻✻✻✻✻✻✻✻✻✻✻✻✻✻✻✻✻✻✻✻✻✻✻✻✻✻

ACTE PREMIER.

SCENE PREMIERE.
EUPHEMON, RONDON.

RONDON.

MON triste ami, mon cher & vieux voisin,
Que de bon cœur j'oublirai ton chagrin !
Que je rirai ! quel plaisir ! que ma fille
Va ranimer ta dolente famille !
Mais Mons ton fils, le Sieur de Fierenfat,
Me semble avoir un procédé bien plat.

EUPHEMON.
Quoi donc !

RONDON.
Tout fier de sa Magistrature,
Il fait l'amour avec poids & mesure ;

A

Adolescent, qui s'érige en barbon,
Jeune écolier, qui vous parle en Caton,
Est à mon sens un animal bernable;
Et j'aime mieux l'air fou, que l'air capable;
Il est trop fat.

EUPHEMON.

Et vous êtes aussi
Un peu trop brusque.

RONDON.

Ah! je suis fait ainsi,
J'aime le vrai, je me plais à l'entendre;
J'aime à le dire, à gourmander mon gendre;
A bien mater cette fatuité,
Et l'air pédant dont il est encrouté,
Vous avez fait, beau-pere, en pere sage,
Quand son aîné, ce joueur, ce volage,
Ce débauché, ce fou partit d'ici.
Je donne tout à ce sot cadet-ci,
De mettre en lui toute votre espérance,
Et d'achetter pour lui la Présidence
De cette ville, oui, c'est un trait prudent.
Mais dès qu'il fut de Coignac Président,
Il fut un peu gonflé d'impertinence;
Sa gravité marche & parle en cadence;
Il dit qu'il a bien plus d'esprit que moi,
Qui, comme on sçait, en ai bien plus que toi,
Il est. . . .

EUPHEMON.

Eh mais! quelle humeur vous emporte?
Faut-il toujours?...

RONDON.

Va, va, laisses; qu'importe,
Tous ces défauts, vois-tu, sont comme rien,
Lorsque d'ailleurs on amasse un gros bien.
Il est avare, & tout avare est sage:
Oh! c'est un vice excellent en ménage,
Un très-bon vice. Allons, dès aujourd'hui,
Il est mon gendre, & ma Lise est à lui.
Il reste donc, notre triste beau-pere,
A faire ici donation entiere
De tous vos biens, contrats, acquis, conquis,
Présens, futurs à Monsieur votre fils,
En reservant sur votre vieille tête
D'un usufruit l'entretien fort honnête,
Le tout en bref, arrêté, cimenté,
Pour que ce fils bien cossu, bien doté,
Joigne à nos biens une vaste opulence;
Sans quoi soudain ma Lise à d'autres pense.

EUPHEMON.

Je l'ai promis, & j'y satisferai.
Oui, Fierenfat aura le bien que j'ai;
Je veux couler au sein de la retraite,
La triste fin de ma vie inquiéte;
Mais je voudrois, qu'un fils si bien doté,
Eût pour mes biens un peu moins d'âpreté:

J'ai vû d'un fils la débauche infensée;
Je vois dans l'autre une ame intereſſée.

RONDON.

Tant mieux, tant mieux;

EUPHEMON.

Cher ami, je ſuis né
Pour n'être rien qu'un pere infortuné.

RONDON.

Voilà-t-il pas de vos jeremiades ,
De vos regrets, de vos complaintes fades ?
Voulez-vous pas que ce maître étourdi,
Ce bel aîné dans le vice enhardi ,
Venant gâter les douceurs que j'apprête,
Dans cet himen paroiſſe en trouble-fête ?

EUPHEMON.

Non.

RONDON.

Voulez-vous qu'il vienne ſans façon
Mettre en jurant le feu dans la maiſon ?

EUPHEMON.

Non.

RONDON.

Qu'il vous batte & qu'il m'enleve Liſe ,
Liſe autrefois à cet aîné promiſe,
Ma Liſe qui. . . .

EUPHEMON.

Que cet objet charmant
Soit préſervé d'un pareil garnement.

RONDON.

Qu'il rentre ici pour dépouiller ſon pere,

Pour fuccéder ?

E U P H E M O N.

Non... Tout eft à fon frere.

R O N D O N.

Ah ! fans cela point de Life pour lui.

E U P H E M O N.

Il aura Life & mes biens aujourd'hui ,
Et fon aîné n'aura pour tout partage
Que le couroux d'un pere qu'il outrage ;
Il le mérite , il fut dénaturé.

R O N D O N.

Ah ! vous l'aviez trop long-tems enduré ;
L'autre du moins agit avec prudence ;
Mais cet aîné ! quels traits d'extravagance !
Le libertin , mon Dieu , que c'étoit-là !
Te fouvient-il , vieux beau-pere ? ah , ah , ah ,
Qu'il te vola , ce tour eft bagatelle ,
Chevaux , habits , linge , meubles , vaiffelle ,
Pour équiper la petite Jourdain ,
Qui le quitta le lendemain matin ;
J'en ai bien ri , je l'avoue.

E U P H E M O N.

Ah ! quels charmes
Trouvez-vous donc à rapeller mes larmes ?

R O N D O N.

Et fur un As mettant vingt rouleaux d'or ,
Eh , eh !

E U P H E M O N.

Ceffez. . . . . .

A iij

RONDON.

Te souvient-il encor,
Quand l'étourdi dut en face d'Eglise,
Se fiancer à ma petite Lise,
Dans quel endroit on le trouva caché,
Comment, pour qui?...Peste, quel débauché!

EUPHEMON.

Epargnez-moi ces indignes histoires,
De sa conduite impressions trop noires;
Ne suis-je pas assez infortuné?
Je suis sorti des lieux où je suis né
Pour m'épargner, pour ôter de ma vûe
Ce qui rapelle un malheur qui me tue;
Votre commerce ici vous a conduit,
Mon amitié, ma douleur vous y suit;
Menagez-les, vous prodiguez sans cesse
La vérité, mais la vérité blesse.

RONDON.

Je me tairai, soit : j'y consens, d'accord;
Pardon; mais diable, aussi vous aviez tort,
En connoissant le fougueux caractere
De votre fils, d'en faire un Mousquetaire.

EUPHEMON.

Encor?

RONDON.
Pardon; mais vous deviez....

EUPHEMON.
Je dois
Oublier tout pour notre nouveau choix,

Pour mon cadet & pour son mariage;
Ça, pensez-vous que ce cadet si sage,
De votre fille ait pû toucher le cœur?

RONDON.

Assurément : ma fille a de l'honneur,
Elle obéit à mon pouvoir suprême,
Et quand je dis : allons, je veux qu'on aime,
Son cœur docile & que j'ai sçu tourner,
Tout auffi-tôt aime fans raifonner;
A mon plaifir j'ai petri fa jeune ame,

EUPHEMON.

On veut pourtant douter qu'elle s'enflamme
Par vos leçons, & je me trompe fort,
Si de nos foins votre fille eft d'accord,
Pour mon aîné, j'obtins le facrifice
Des promiers vœux de fon ame novice;
Je fçais quels font ces premiers traits d'amour;
Le cœur eft tendre : il faigne plus d'un jour.

RONDON.

Vous radotez.

EUPHEMON.

Quoi que vous puiffiez dire,
Cet étourdi pouvoit très-bien féduire.

RONDON.

Lui! point du tout, ce n'étoit qu'un vaurien;
Pauvre bon-homme, allez ne craignez rien;
Car à ma fille après ce beau ménage,
J'ai défendu de l'aimer davantage;

A iiij

Ayez le cœur sur cela réjoui,
Quand j'ai dit non, personne ne dit oui ;
Voyez plutôt.

SCENE II.

EUPHEMON, RONDON, LISE, MARTHE,

RONDON.

AProchez, venez Lise,
Ce jour pour vous est un grand jour de crise,
Que je te donne un mari jeune ou vieux,
Ou laid ou beau, triste ou gai, riche ou gueux.
Ne sens-tu pas des desirs de lui plaire ?
Du goût pour lui, de l'amour ?

LISE.

Non, mon pere.

RONDON.

Comment coquine !

EUPHEMON.

Ah, ah, notre Féal !
Votre pouvoir va, ce semble, un peu mal ;
Qu'est devénu ce despotique empire ?

RONDON.

Comment ! après tout ce que j'ai pû dire,
Tu n'aurois pas un peu de passion,
Pour ton futur époux ?

LISE.

Mon pere, non.

RONDON.

Ne fçais-tu pas que le devoir t'oblige
A lui donner tout ton cœur ?

LISE.

Je fçais, mon pere, à quoi ce nœud facré
Oblige un cœur de vertu pénétré ;
Je fçais qu'il faut, aimable en fa fageffe,
De fon époux mériter la tendreffe,
Et réparer du moins par la bonté,
Ce que le Ciel nous refufe en beauté :
Etre au dehors difcrette & raifonnable,
Dans fa maifon douce, égale, agréable ;
Quant à l'amour, c'eft tout un autre point,
Les fentimens ne fe commandent point ;
N'ordonnez rien, l'amour fuit l'efclavage,
De mon époux le refte eft le partage ;
Mais pour mon cœur, il le doit mériter,
Ce cœur au moins difficile à dompter,
Ne peut aimer ni par ordre d'un pere,
Ni par raifon, ni par devant Notaire.

EUPHEMON.

C'eft à mon gré raifonner fenfément ;
J'approuve fort ce jufte fentiment :
C'eft à mon fils à tâcher de fe rendre
Digne d'un cœur auffi noble que tendre.

RONDON.

Vous tairez-vous, radoteur complaifant,
Flatteur barbon, vrai corrupteur d'enfant ?

Jamais fans vous ma fille bien apprife,
N'eut devant moi lâché cette fottife.

à Life.

Ecoutes, toi : je te baille un mari,
Tant foit peu fat & par trop renchéri ;
Mais c'eft à moi de corriger mon gendre ;
Toi, tel qu'il eft, c'eft à toi de le prendre,
De vous aimer, fi vous pouvez, tous deux,
Et d'obéir à tout ce que je veux ;
C'eft-là ton lot : & toi, notre beau-pere ;
Allons figner chez notre gros Notaire,
Qui vous allonge en cent mots fuperflus
Ce qu'on diroit en quatre tout au plus ;
Allons hâter fon bavard griffonnage,
Lavons la tête à ce large vifage ;
Puis je reviens après cet entretien,
Gronder ton fils, ma fille & toi.

E U P H E M O N.

Fort bien.

S C E N E I I I.

L I S E, M A R T H E.

M A R T H E.

MOn Dieu ! qu'il joint à tous fes airs grotefques,
Des fentimens & des travers burlefques !

LISE.

Je suis sa fille, & de plus son humeur
N'altére point la bonté de son cœur,
Et sous les plis d'un front atrabilaire,
Sous cet air brusque, il a l'ame d'un pere ;
Quelquefois même au milieu de ses cris,
Tout en grondant il céde à mes avis ;
Il est bien vrai qu'en blâmant la personne
Et les défauts du mari qu'il me donne,
En me montrant d'une telle union
Tous les dangers, il a grande raison ;
Mais lors qu'ensuite il ordonne que j'aime,
Dieu ! que je sens que son tort est extrême !

MARTHE.

Comment aimer un Monsieur Fierenfat ?
J'épouserois plûtôt un vieux soldat,
Qui jure, boit, bat sa femme, & qui l'aime,
Qu'un fat en robe enivré de lui-même,
Qui d'un ton grave & d'un air de pédant
Semble juger sa femme en lui parlant,
Qui comme un paon dans lui-même se mire
Sous son rabat, se rengorge & s'admire,
Et plus avare encor que suffisant,
Vous fait l'amour en comptant son argent.

LISE.

Ah ! ton pinceau l'a peint d'après nature ;
Mais que ferai-je ? il faut bien que j'endure
L'état forcé de cet himen prochain,

On ne fait pas comme on veut son destin,
Et mes parens, ma fortune, mon âge,
Tout de l'himen me prescrit l'esclavage :
Ce Fierenfat est, malgré mes dégoûts,
Le seul qui puisse être ici mon époux ;
Il est le fils de l'ami de mon pere,
C'est un parti devenu nécessaire.
Hélas ! quel cœur libre dans ses soupirs
Peut se donner au gré de ses désirs !
Il faut céder : le tems, la patience
Sur mon époux vaincront ma repugnance,
Et je pourrai soumise à mes liens,
A ses défauts me prêter comme aux miens.

MARTHE.

C'est bien parler, belle & discrette Lise ;
Mais votre cœur tant soit peu se déguise,
Si j'osois.... Mais vous m'avez ordonné
De ne parler jamais de cet aîné.

LISE.

Quoi ?

MARTHE.

D'Euphemon, qui malgré tous ses vices,
De votre cœur eut les tendres prémices,
Qui vous aimoit ;

LISE.

Il ne m'aima jamais ;
Ne parlons plus de ce nom que je hais.

MARTHE *s'en allant*;

N'en parlons plus.

LISE *la retenant*,

Il est vrai : sa jeunesse
Pour quelque tems a surpris ma tendresse ;
Etoit-il fait pour un cœur vertueux ?

MARTHE *en s'en allant*,

C'étoit un fou, ma foi, très-dangereux.

LISE *revenant*,

De corupteurs sa jeunesse entourée,
Dans les excès se plongeoit égarée.
Le malheureux ! il cherchoit tour à tour
Tous les plaisirs, il ignoroit l'amour.

MARTHE.

Mais autrefois vous m'avez paru croire
Qu'à vous aimer il avoit mis sa gloire,
Que dans vos fers il étoit engagé ?

LISE.

S'il eut aimé, je l'aurois corrigé ;
Un amour vrai, sans feinte & sans caprice,
Est en effet le plus grand frein du vice ;
Dans ses liens qui sçait se retenir,
Est honnête homme ou va le devenir ;
Mais Euphemon dédaigna sa maîtresse,
Pour la débauche il quitta la tendresse.
Ses faux amis, indigens scelerats,
Qui dans le piége avoient conduit ses pas,

Ayant mangé tout le bien de sa mere,
Ont sous son nom volé son triste pere ;
Pour comble enfin , ces séducteurs cruels,
L'ont entraîné loin des bras paternels,
Loin de mes yeux, qui noyés dans les larmes,
Pleuroient encor ses vices & ses charmes,
Je ne prens plus nul interêt à lui.

MARTHE.

Son frere enfin lui succede aujourd'hui.
Il aura Lise , & certes c'est dommage ;
Car l'autre avoit un bien joli visage ,
De blonds cheveux, la jambe faite au tour,
Dansoit , chantoit, étoit né pour l'amour.

LISE.

Ah! que dis-tu ?

MARTHE.

Même dans ces mélanges
D'égaremens, de sottises étranges,
On découvroit aisément dans son cœur,
Sous ses défauts, un certain fond d'honneur.

LISE.

Il étoit né pour le bien, je l'avoue.

MARTHE.

Ne croyez pas que ma bouche le loue ;
Mais il n'étoit, me semble, point flatteur,
Point médisant, point escroc, point menteur.

LISE.

Oui, mais,....,

MARTHE.

Fuyons, car c'est Monsieur son frere.

LISE.

Il faut rester, c'est un mal néceffaire.

SCENE IV.

LISE, MARTHE, FIERENFAT.

FIERENFAT.

JE l'avouerai, cette donation
Doit augmenter la satisfaction
Que vous avez d'un fi beau mariage.
Surcroit de biens eft l'ame d'un ménage,
Fortune, honneurs & dignitez, je croi,
Abondamment fe trouvent avec moi;
Et vous aurez dans Coignac à la ronde,
L'honneur du pas fur les gens du beau monde.
C'eft un plaifir bien flatteur que cela,
Vous entendrez murmurer, *la voilà.*
En vérité quand j'examine au large,
Mon rang, mon bien, tous les droits de ma Charge,
Les agrémens que dans le monde j'ai,
Les droits d'aîneffe où je fuis fubrogé,
Je vous en fais mon compliment, Madame?

MARTHE.

Moi, je la plains, c'eft une chofe infâme,

i

Que vous mêliez dans tous vos entretiens
Vos qualitez, votre rang & vos biens ;
Etre à la fois & Midas & Narciſſe,
Enflé d'orgueil & pincé d'avarice,
Lorgner ſans ceſſe avec un œil content
Et ſa perſonne & ſon argent comptant,
Etre en rabbat un petit Maître avare,
C'eſt un excès de ridicule rare ;
Un jeune fat paſſe encor ; mais ma foi,
Un jeune avare eſt un monſtre pour moi.

FIERENFAT.

Ce n'eſt pas vous probablement, ma Mie,
A qui mon pere aujourd'hui me marie ;
C'eſt à Madame, ainſi donc s'il vous plaît,
Prenez à nous un peu moins d'intérêt ;
Le ſilence eſt votre fait… (à Liſe) Vous Madame,
Qui dans une heure ou deux ſerez ma femme,
Avant la nuit vous aurez la bonté
De me chaſſer ce Cadet effronté,
Qui ſous le nom d'une fille ſuivante,
Donne carriere à ſa langue impudente ;
Je ne ſuis pas un Préſident pour rien,
Et nous pourrions l'enfermer pour ſon bien.

MARTHE à Liſe.

Défendez-moi, parlez-lui, parlez ferme ;
Je ſuis à vous, empêchez qu'on m'enferme,
Il pourroit bien vous enfermer auſſi.

LISE.

J'augure mal déja de tout ceci.

MARTHE

MARTHE.

Parlez-lui donc, laissez ces vains murmures.

LISE.

Que puis-je hélas lui dire ?

MARTHE.

Des injures.

LISE.

Non, des raisons valent mieux,

MARTHE.

Croyez-moi,

Point de raisons, c'est le plus sûr.

SCENE V.

RONDON, Acteurs précédens.

RONDON.

Ma foi,

Il nous arrive une plaisante affaire.

FIERENFAT.

Eh quoi, Monsieur?

RONDON.

Ecoute. A ton vieux pere,

J'allois porter notre papier timbré,

Quand nous l'avons ici près rencontré,

Entretenant au pied de cette roche,

Un voyageur qui descendoit du coche.

B

LISE.

Un voyageur jeune....

RONDON.

Nenny vraiment,
Un béquillard, un vieux ridé, sans dent,
Nos deux barbons d'abord avec franchise,
L'un contre l'autre ont mis leur barbe grise,
Leur dos voutés s'élevoient, s'abaissoient,
Aux longs élans des soupirs qu'ils poussoient,
Et sur leur nez leur prunelle éraillée,
Versoit les pleurs dont elle étoit mouillée,
Puis Euphemon d'un air tout rechigné,
Dans son logis soudain s'est rencogné;
Il dit qu'il sent une douleur insigne,
Qu'il faut au moins qu'il pleure avant qu'il signe,
Et qu'à personne il ne prétend parler.

FIERENFAT.

Oh, je prétends moi l'aller consoler,
Vous sçavez tous comme je le gouverne,
Et d'assez près la chose nous concerne,
Je le connois; & dès qu'il me verra,
Contract en main, d'abord il signera,
Le tems est cher, mon nouveau droit d'aînesse
Est un objet :

LISE.

Non, Monsieur, rien ne presse.

RONDON.

Si fait, tout preffe, & c'eft ta faute auffi,
Que tout cela.

LISE.

Comment, moi ! ma faute ?

RONDON.

Oui,

Les contre-tems qui troublent les familles,
Viennent toujours par la faute des filles.

LISE.

Qu'ai-je donc fait qui vous fâche fi fort ?

RONDON.

Vous avez fait, que vous avez tous tort.
Je veux un peu voir nos deux troubles-fêtes,
A la raifon ranger leurs lourdes têtes ;
Et je prétends vous marier tantôt,
Malgré leurs dents, malgré vous, s'il le faut.

Fin du premier Acte.

ACTE II.

SCENE PREMIERE.
LISE, MARTHE.

MARTHE.

VOUS frémiffez en voyant de plus près
Tout ce fracas, ces nôces, ces apprêts.

LISE.

Ah! plus mon cœur s'étudie & s'effaïe;
Plus de ce joug la pefanteur m'effraïe;
A mon avis l'Himen & fes liens,
Sont les plus grands ou des maux ou des biens;
Point de milieu, l'état du mariage
Eft des Humains le plus cher avantage;
Quand le rapport des efprits & des cœurs,
Des fentimens, des goûts & des humeurs,
Serrent ces nœuds tiffus par la nature;
Que l'amour forme, & que l'honneur épure:
Dieux! quel plaifir d'aimer publiquement,
Et de porter le nom de fon Amant!

Votre maifon, vos gens, votre livrée,
Tout vous retrace une image adorée,
Et vos enfans, ces gages prétieux,
Nés de l'amour, en font de nouveaux nœuds :
Un tel himen, une union fi chere,
Si l'on en voit, c'eft le Ciel fur la Terre ;
Mais triftement vendre par un contrat
Sa liberté, fon nom & fon état,
Aux volontez d'un maître defpotique,
Dont on devient le premier domeftique ;
Se quereller, ou s'éviter le jour,
Sans joie à table, & la nuit fans amour ;
Trembler toujours d'avoir une foibleffe,
Y fuccomber ou combattre fans ceffe,
Tromper fon maître, ou vivre fans efpoir.
Dans les langueurs d'un importun devoir,
Gémir, fécher dans fa douleur profonde,
Un tel himen eft l'enfer de ce monde.

MARTHE.

En vérité les filles, comme on dit,
Ont un démon qui leur forme l'efprit :
Que de lumiere en une ame fi neuve !
La plus experte & la plus fine veuve,
Qui fagement fe confole à Paris
D'avoir porté le deuil de trois maris,
N'en eut pas dit fur ce point davantage ;
Mais vos dégoûts fur ce beau mariage,

Auroient befoin d'un éclairciffement,
L'himen déplaît avec le Préfident,
Vous plairoit-il avec Monfieur fon frere?
Débrouillez-moi de grace ce miftere;
L'aîné fait-il bien du tort au cadet,
Haïffez-vous, aimez-vous, parlez net.

LISE.

Je n'en fçai rien, je ne peux & je n'ofe
De mes dégoûts bien démêler la caufe;
Comment chercher la trifte vérité,
Au fond d'un cœur, hélas, trop agité?
Il faut au moins pour fe mirer dans l'onde,
Laiffer calmer la tempête qui gronde,
Et que l'orage & les vents en repos,
Ne rident plus la furface des eaux.

MARTHE.

Comparaifon n'eft pas raifon, Madame;
On lit très-bien dans le fond de fon ame;
On y voit clair, & fi les paffions
Portent en nous tant d'agitations,
Fille de bien fçait toujours dans fa tête
D'où vient le vent qui caufe la tempête;
On fçait. . . .

LISE.

Et moi je ne veux rien fçavoir;
Mon œil fe ferme, & je ne veux rien voir;
Je ne veux point chercher fi j'aime encore
Un malheureux qu'il faut bien que j'abhorre;

Je ne veux point accroître mes dégoûts,
Du vain regret d'un plus aimable époux,
Que loin de moi cet Euphemon, ce traître,
Vive content, soit heureux (s'il peut l'être;)
Qu'il ne soit pas au moins deshérité;
Je n'aurai pas l'affreuse dureté,
Dans ce contrat où je me détermine,
D'être sa sœur pour hâter sa ruine;
Voilà mon cœur, c'est trop le pénétrer,
Aller plus loin, seroit le déchirer.

SCENE II.

LISE, MARTHE, un LAQUAIS.

un LAQUAIS.

LA bas, Madame, il est une Baronne
De Croupillac.

LISE.

Sa visite m'étonne.

le LAQUAIS.

Qui d'Angoulême arrive justement,
Et veut ici vous faire compliment.

LISE.

Hélas sur quoi?

MARTHE.

Sur votre himen sans doute.

LISE.

Ah, c'est encor tout ce que je redoute,

B iiij

Suis-je en état d'entendre ces propos,
Ces complimens, protocole des fots,
Où l'on fe gêne, où le bon fens expire?
Dans ce travail de parler fans rien dire;
Que ce fardeau me péfe & me déplaît!

SCENE III.

LISE, Mᵉ CROUPILLAC, MARTHE.

MARTHE.

Voilà la Dame.

LISE.

Oh! je vois bien qui c'eft.

MARTHE.

On dit qu'elle eft affez grande époufeufe,
Un peu plaideufe & beaucoup radoteufe.

LISE.

Des fiéges donc. Madame... pardon fi....

Mᵉ CROUPILLAC.

Ah Madame! ...

LISE.

Eh Madame !

Mᵉ CROUPILLAC.

Il faut auffi.

LISE.

S'affeoir Madame.

Mᵉ CROUPILLAC *assise*.

En vérité, Madame,

Je suis confuse, & dans le fonds de l'ame
Je voudrois bien. . . .

LISE.
Madame ?

Mᵉ CROUPILLAC.
Ah ! je voudrois

Vous enlaidir, vous ôter vos attraits ;
Je pleurs hélas ! vous voyant si jolie.

LISE.
Consolez-vous, Madame.

Mᵉ CROUPILLAC.
Oh ! non, ma Mie,

Je ne sçaurois, je vois que vous aurez
Tous les maris que vous demanderez ;
J'en avois un, du moins en espérance ;
Un seul hélas ! c'est bien peu, quand j'y pense ;
Et j'avois eu grand peine à le trouver ;
Vous me l'ôtez, vous allez m'en priver ;
Il est un tems ; ah ! que ce tems vient vîte,
Où l'on perd tout, quand un Amant nous quitte,
Où l'on est seule, & certe il n'est pas bien,
D'enlever tout à qui n'a presque rien.

LISE.
Excusez-moi si je suis interdite
De vos discours & de votre visite ;
Quel accident afflige vos esprits ?
Qui perdez-vous, & que vous ai-je pris ?

Mᵉ. CROUPILLAC.

Ma chere enfant, il eſt force bégueules,
Au teint ridé, qui penſent qu'elles ſeules,
Avec du fard & quelques fauſſes dents,
Fixent l'amour, les plaiſirs & le tems.
Pour mon malheur hélas! je ſuis plus ſage,
Je vois trop bien que tout paſſe, & j'enrage.

LISE.

J'en ſuis fâchée, & tout eſt ainſi fait ;
Mais je ne puis vous rajeunir.

Mᵉ CROUPILLAC.

Si fait :
J'eſpere encore ; & ce ſeroit peut-être
Me rajeunir, que me rendre mon traître.

LISE.

Mais de quel traître ici me parlez-vous ?

Mᵉ CROUPILLAC.

D'un Préſident, d'un ingrat, d'un époux,
Que je pourſuis, pour qui je perds haleine,
Et ſûrement qui n'en vaut pas la peine.

LISE.

Eh bien, Madame ?

Mᵉ CROUPILLAC.

Eh bien, dans mon printems,
Je ne parlois jamais aux Préſidens,
Je haïſſois leur perſonne & leur ſtile ;
Mais avec l'âge on eſt moins difficile.

COMEDIE.

LISE.

Enfin Madame ?

Me CROUPILLAC.

Enfin il faut ſçavoir,
Que vous m'avez réduite au deſeſpoir.

LISE.

Mais en quoi donc ?

Me CROUPILLAC.

Je vis dans Angoulême,
Veuve & pouvant diſpoſer de moi-même ;
Dans Angoulême en ce tems Fierenfat,
Etudioit apprentif Magiſtrat ;
Il me lorgnoit, il ſe mit dans la tête,
Pour ma perſonne un amour mal-honnête,
Bien mal-honnête hélas ! bien outrageant ;
Car il faiſoit l'amour à mon argent ;
Je fis écrire au bon-homme de pere,
On s'entremit, on pouſſa bien l'affaire,
Car en mon nom ſouvent on lui parla,
Il répondit qu'il verroit tout cela :
Vous voyez bien que la choſe étoit ſûre.

LISE.

Oh oui.

Me CROUPILLAC.

Pour moi j'étois prête à conclure ;
De Fierenfat alors le frere aîné,
A votre lit fut, dit-on, deſtiné.

LISE.

Quel ſouvenir !

Mᵉ Croupillac.

C'étoit un fou, ma chere,
Qui jouiffoit de l'honneur de vous plaire,

Lise.

Ah !

Mᵉ Croupillac.

Ce fou-là s'étant fort dérangé,
Et de fon pere ayant pris fon congé,
Errant, profcrit, peut-être mort, que fçai-je ?
(Vous vous troublez) mon Héros de Collége,
Mon Préfident fçachant que votre bien
Eft, tout compté, plus ample que le mien,
Méprife enfin ma fortune & mes larmes ;
De votre dot il convóite les charmes,
Entre vos bras il eft ce foir admis ;
Mais penfez-vous qu'il vous foit bien permis
D'aller ainfi courant de frere en frere,
Vous emparer d'une famille entiere ;
Pour moi déja par proteftation,
J'arrête ici la célébration ;
J'y mangerai mon château, mon douaire,
Et le procés fera fait de maniere,
Que vous, fon pere & les enfans que j'ai,
Nous ferons mort avant qu'il foit jugé.

Lise.

En vérité je fuis toute honteufe,
Que mon himen vous rende malheureufe,

Je fuis peu digne hélas de ce courroux,
Sans être heureux on fait donc des jaloux !
Ceffez, Madame avec un œil d'envie,
De regarder mon état & ma vie;
On nous pourroit aifément accorder,
Pour un mari je ne veux point plaider.

Me CROUPILLAC.

Eft-il poffible?

LISE.

Oui, je vous l'abandonne.

Me CROUPILLAC.

Vous êtes donc fans goût pour fa perfonne ;
Vous n'aimez point?

LISE.

Je vois très-peu d'attraits,
Dans l'himénée, & nul dans les procès.

SCENE IV.

Me. CROUPILLAC, LISE, RONDON.

RONDON.

OH, oh, ma fille, on nous fait des affaires,
Qui font dreffer les cheveux aux beaux-peres ;
On m'a parlé de proteftation,
Et vertubleu, qu'on en parle à Rondon,

Je chafferai bien loin ces créatures.

Me CROUPILLAC.

Faut-il encor effuïer des injures ?
Monfieur Rondon, de grace écoutez-moi.

RONDON,

Que vous plaît-il ?

Me CROUPILLAC.

Votre Gendre eft fans foy,
C'eft un fripon d'efpéce toute neuve,
Galant, avare, écornifleur de veuve;
C'eft de l'argent qu'il aime.

RONDON.

Il a raifon.

Me CROUPILLAC.

Il m'a cent fois promis dans ma maifon
Un pur amour, d'éternelles tendreffes.

RONDON.

Eft-ce qu'on tient de femblables promeffes ?

Me CROUPILLAC.

Il m'a quittée, hélas ! fi durement ?

RONDON.

J'en aurois fait de bon cœur tout autant.

Me CROUPILLAC.

Je vais parler comme il faut à fon pere.

RONDON.

Ah ! parlez-lui plûtôt qu'à moi.

Me CROUPILLAC.

L'affaire

Eft effroyable , & le beau fexe entier
En ma faveur, ira par tout crier.

RONDON.

Il criera moins que vous.

Me CROUPILLAC.

Ah! vos perfonnes
Sçauront un peu ce qu'on doit aux Baronnes.

RONDON.

On doit en rire.

Me CROUPILLAC.

Il me faut un époux,
Et je prendrai lui, fon vieux pere, ou vous.

RONDON.

Qui, moi?

Me CROUPILLAC.

Vous-même.

RONDON.

Oh, je vous en défie.

Me CROUPILLAC.

Nous plaiderons.

RONDON.

Mais voyez la folie.

SCENE V.

RONDON, FIERENFAT, LISE.

RONDON *à Lise.*

JE voudrois bien sçavoir aussi pourquoi,
'Vous recevez ces visites chez moi?
Vous m'attirez toujours des algarades;
Et vous, Monsieur, (*à Fierenfat*) le Roi des pédans sades,
Quel sot démon vous force à courtiser,
Une Baronne afin de l'abuser?
C'est bien à vous, avec ce plat visage,
De vous donner les airs d'être volage;
Il vous sied bien, grave & triste indolent,
De vous mêler du métier de galant;
Ç'étoit le fait de votre fou de frere?
Mais vous, mais vous!

FIERENFAT.

Détrompez-vous, beau-pere;
Je n'ai jamais requis cette union;
Je ne promis que sous condition,
Me reservant toujours au fond de l'ame,
Le droit d'avoir une plus riche femme,
De mon ainé l'exhérédation,
Et tous les biens en ma possession.

RONDON.

Il a raison, ma foi j'en suis d'accord.

LISE

LISE.

Avoir ainſi raiſon, c'eſt un grand tort.

RONDON.

L'argent fait tout. Va, c'eſt choſe très-ſûre,
Hâtons-nous donc ſur ce pied de conclure,
D'écus tournois ſoixante peſans ſacs,
Finiront tous malgré les Croupillacs;
Qu'Euphemon tarde, & qu'il me déſeſpere?
Signons toujours avant lui.

LISE.

Non, mon pere,

Je fais auſſi mes proteſtations,
Et je me donne à des conditions.

RONDON.

Conditions! toi, quelle impertinence!
Tu dis, tu dis?

LISE.

Je dis ce que je penſe.

Peut-on gouter le bonheur odieux,
De ſe nourrir des pleurs d'un malheureux?
Et vous, Monſieur, dans votre ſort proſpére,
Oubliez-vous que vous avez un frere?

FIERENFAT.

Mon frere? Moi? Je ne l'ai jamais vû,
Et du logis il étoit diſparu,
Lorſque j'étois encor dans notre école,
Le nez collé ſur Cujas & Bartole,
J'ai ſçû depuis ſes beaux déportemens:
Et ſi jamais il reparoît céans,

C

Confolez-vous, nous fçavons les affaires,
Nous l'enverrons en douceur aux galeres.

LISE.

C'eft un projet fraternel & chrétien ;
En attendant vous confifquez fon bien,
C'eft votre avis ; mais moi je vous déclare,
Que je détefte un tel projet.

RONDON.

Tarare,

Va, mon enfant, le Contrat eft dreffé,
Sur tout cela le Notaire a paffé.

FIERENFAT.

Nos peres l'ont ordonné de la forte,
En Droit écrit leur volonté l'emporte ;
Lifez Cujas chapitre cinq, fix, fept :
» Tout libertin de débauches infect,
» Qui renonçant à l'aîle paternelle,
» Fuit la maifon, ou bien qui pille icelle,
» *Ipfo facto* de tout dépoffédé,
» Comme un bâtard il eft exhéredé.

LISE.

Je ne connois le Droit ni la Coutume,
Je n'ai point lû Cujas, mais je préfume,
Que ce font tous des malhonnêtes gens,
Vrais ennemis du cœur & du bon fens ;
Si dans leur Code ils ordonnent qu'un frere
Laiffe périr fon frere de mifere ;
Et la nature & l'honneur ont leurs droits,
Qui valent mieux que Cujas & vos Loix.

RONDON.

Ah ! laiffez-là vos Loix & votre Code ;
Et votre honneur , & faites à ma mode,
De cet aîné que t'embarrasses-tu ?
Il faut du bien.

LISE,

Il faut de la vertu ;
Qu'il foit puni : mais au moins qu'on lui laiffe
Un peu de bien, refte de droit d'aîneffe ;
Je vous le dis , ma main ni mes faveurs ,
Ne feront point le prix de fes malheurs ;
Corrigez donc l'article que j'abhorre ,
Dans ce Contrat, qui tous nous deshonore ;
Si l'intérêt ainfi l'a pû dreffer ,
C'eft un opprobre , il le faut effacer.

FIERENFAT,

Ah ! qu'une femme entend mal les affaires.

RONDON,

Quoi ! tu voudrois corriger deux Notaires ?
Faire changer un Contrat ?

LISE,

Pourquoi non ?

RONDON.

Tu ne feras jamais bonne maifon ,
Tu perdras tout,

LISE,

Je n'ai pas grand ufage
Jufqu'à préfent du monde & du ménage ;

C ij

Mais l'intérêt, mon cœur vous le maintient,
Perd des maisons autant qu'il en soutient ;
Si j'en fais une, au moins cet édifice
Sera d'abord fondé sur la justice.

RONDON.

Elle est têtue, & pour la contenter,
Allons, mon gendre, il faut s'exécuter ;
Ça, donne un peu.

FIERENFAT.

Oui, je donne à mon frere. . . .
Je donne... allons...

RONDON.

Ne lui donne donc guére.

SCENE VI.

EUPHEMON, RONDON, LISE.

RONDON.

AH! le voici le bon-homme Euphemon ;
Viens, viens, j'ai mis ma fille à la raison ;
On n'attend plus rien que ta signature,
Presse-moi donc cette tardive allure,
Dégourdis-toi, prens un ton réjoui,
Un air de nôce, un front épanoui ;
Car dans neuf mois je veux, ne te déplaise,
Que deux enfans : je ne me sens pas d'aise ;

Allons, ri donc, chaſſons tous les ennuis ;
Signons, ſignons.

EUPHEMON.

Non, Monſieur, je ne puis.

FIERENFAT.

Vous ne pouvez ?

RONDON.

En voici bien d'une autre !

FIERENFAT.

Quelle raiſon ?

RONDON.

Quelle rage eſt la vôtre ?
Quoi ? tout le monde eſt-il devenu fou ?
Chacun dit *non* : comment ? pourquoi ? par où ?

EUPHEMON.

Ah ! ce ſeroit outrager la nature,
Que de ſigner dans cette conjoncture.

RONDON.

Seroit-ce point la Dame Croupillac,
Qui ſourdement fait ce maudit micmac ?

EUPHEMON.

Non, cette femme eſt folle, & dans ſa tête,
Elle veut rompre un himen que j'apprête ;
Mais ce n'eſt pas de ces cris impuiſſans
Que ſont venus les ennuis que je ſens.

RONDON.

Eh bien, quoi donc ? ce béquillard du coche
Dérange tout, & notre affaire acroche ?

EUPHEMON.

Ce qu'il a dit doit retarder du moins
L'heureux himen, objet de tant de soins.

LISE.

Qu'a t-il donc dit, Monfieur ?

FIERENFAT.

Quelle nouvelle

A t-il appris ?

EUPHEMON.

Une, hélas ! trop cruelle :
De vers Bordeaux cet homme a vû mon fils
Dans les prifons, fans fecours, fans habits,
Mourant de faim. La honte & la triftelle
Vers le tombeau conduifoient fa jeunefle ;
La maladie & l'excès du malheur,
De fon printems avoient féché la fleur,
Et dans fon fang la fiévre enracinée,
Précipitoit fa derniere journée,
Quand il le vit il étoit expirant,
Sans doute, hélas ! il eft mort à préfent.

RONDON.

Voilà, ma foi, fa penfion payée.

LISE.

Il feroit mort !

RONDON.

N'en fois point effrayée,

Va, que t'importe ?

FIERENFAT.

Ah ! Monfieur , la pâleur
De fon vifage efface la couleur.

RONDON.

Elle eft, ma foi, fenfible ; ah ! la friponne ;
Puifqu'il eft mort , allons, je te pardonne.

FIERENFAT.

Mais après tout , mon pere , voulez-vous ?

EUPHEMON.

Ne craignez rien , vous ferez fon époux ;
C'eft mon bonheur ; mais il feroit atroce ,
Qu'un jour de deuil devînt un jour de nôce ;
Puis-je , mon fils , mêler à ce feftin ,
Le contre-tems de mon jufte chagrin ,
Et fur vos fronts parés de fleurs nouvelles ,
Laiffer couler mes larmes paternelles ?
Donnez , mon fils , ce jour à nos foupirs ,
Et différez l'heure de vos plaifirs ;
Par une joie indifcrete , infenfée ,
L'honnêteté feroit trop offenfée.

LISE.

Ah! oui, Monfieur , j'approuve vos douleurs ;
Il m'eft plus doux de partager vos pleurs,
Que de former les nœuds du mariage.

FIERENFAT.

Eh ! mais mon pere . . . . .

RONDON.

Eh , vous n'êtes pas fage !

Quoi ! différer un himen projetté ,
Pour un ingrat cent fois deshérité ,
Maudit de vous, de sa famille entiere ?

EUPHEMON.

Dans ces momens un pere est toujours pere ;
Ses attentats & toutes ses erreurs
Furent toujours le sujet de mes pleurs ,
Et ce qui pese à mon ame attendrie ,
C'est qu'il est mort sans réparer sa vie.

RONDON.

Réparons-la , donnons-nous aujourd'hui
Des petit-fils qui valent mieux que lui ;
Signons, dansons, mon Dieu, que de foiblesse !

EUPHEMON.

Mais. . . .

RONDON.

Mais morbleu , ce procédé me blesse ;
De regretter même le plus grand bien ,
C'est fort mal fait ; douleur n'est bonne à rien ;
Mais regretter le fardeau qu'on vous ôte ,
C'est une énorme & ridicule faute ;
Ce fils aîné , ce fils votre fleau ,
Vous mit trois fois sur le bord du tombeau ;
Pauvre cher homme ! allez sa frénesie
Eut tôt ou tard abrégé votre vie ;
Soyez tranquille , & suivez mes avis,
C'est un grand gain que de perdre un tel fils,

EUPHEMON.

Oüi, mais ce gain coûte plus qu'on ne penſe,
Je pleure, hélas ! ſa mort & ſa naiſſance.

RONDON *à Fierenfat.*

Va, ſuis ton pere, & ſois expéditif,
Prend ce Contrat, le mort ſaiſit le vif;
Il n'eſt plus tems qu'avec moi l'on barguigne,
Prends-lui la main, qu'il paraphe & qu'il ſigne.

à Liſe.

Et toi, ma fille, attendons à ce ſoir,
Tout ira bien.

LISE.

Je ſuis au deſeſpoir.

Fin du deuxiéme Aᢸe.

ACTE III.

SCENE PREMIERE.

EUPHEMON fils, JASMIN.

JASMIN.

UI, mon ami, tu fus jadis mon maître,
Je t'ai servi deux ans sans te connoître ;
Ainsi que moi réduit à l'Hôpital ,
Ta pauvreté m'a rendu ton égal :
Non , tu n'es plus ce Monsieur d'Entre-
    monde,
Ce Chevalier si pimpant dans le monde ,
Fêté, couru, de femmes entouré ,
Nonchalamment de plaisirs enivré ;
Tout est au diable ; éteins dans ta mémoire ,
Ces vains regrets des beaux jours de ta gloire ,
Sur du fumier l'orgueil est un abus,
Le souvenir d'un bonheur qui n'est plus
Est à nos maux un poids insupportable ;
Toujours Jasmin, j'en suis moins misérable ,

Né pour fouffrir, je fçai fouffrir gaïment,
Manquer de tout, voilà mon élément ;
Ton vieux chapeau, tes guenillons de bure,
Dont tu rougis, c'étoit-là ma parure ;
Tu dois avoir, ma foi, bien du chagrin,
De n'avoir pas été toujours Jafmin.

EUPHEMON fils.

Que la mifere entraîne d'infamie !
Faut-il encor qu'un valet m'humilie !
Quelle accablante & terrible leçon !
Je fens encor, je fens qu'il a raifon ;
Il me confole au moins en fa maniere,
Il m'accompagne, & fon ame groffiere,
Senfible & tendre, ou fa rufticité
N'a point pour moi perdu l'humanité.
Né mon égal (puifqu'enfin il eft homme,)
Il me foutient fous le poids qui m'affomme ;
Il fuit gaïment mon fort infortuné,
Et mes amis m'ont tous abandonné.

JASMIN.

Toi, des amis ! . . Hélas ! mon pauvre maître,
Apprens-moi donc de grace à les connaître ;
Comment font faits les gens qu'on nomme amis ?

EUPHEMON fils.

Tu les as vûs chez moi toujours admis,
M'importunant fouvent de leurs vifites,
A mes foupers délicats parafites,
Vantant mes goûts d'un efprit complaifant,
Et fur le tout empruntant mon argent,

De leur bon cœur m'étourdissant la tête,
Et me louant, moi présent.

JASMIN.

Pauvre bête !

Pauvre innocent ! tu ne les voyois pas
Te chansonner au sortir d'un repas,
Siffler, berner ta benigne imprudence.

EUPHEMON fils.

Ah ! je le crois ; car dans ma décadence,
Lorsqu'à Bordeaux je me vis arrêté,
Aucun de ceux à qui j'ai tout prêté,
Ne me vint voir, nul ne m'offrit sa bourse ;
Puis au sortir, malade & sans ressource,
Lorsqu'à l'un d'eux que j'avois tant aimé,
J'allai m'offrir mourant, inanimé,
Sous ces haillons dépouillés, délabrées,
De l'indigence exécrables livrées,
Quand je lui vins demander un secours,
D'où dépendoient mes misérables jours,
Il détourna son œil confus & traître ;
Puis il feignit de ne me pas connaître,
Et me chassa comme un pauvre importun.

JASMIN.

Aucun n'osa te secourir ?

EUPHEMON fils.

Aucun.

JASMIN.

Ah ! les amis, les amis, quels infâmes !

EUPHEMON fils.

Les hommes font tous de fer ;

JASMIN.

Et les femmes ?

EUPHEMON fils.

J'en attendois, hélas ! plus de douceur,
J'en ai cent fois effuïé plus d'horreur ;
Celle fur-tout qui m'aimant fans miftere,
Sembloit placer fon orgueil à me plaire,
Dans fon logis meublé de mes préfens,
De mes bienfaits acheta des Amans,
Et de mon vin régaloit leur cohue,
Lorfque de faim j'expirois dans fa rue ;
Enfin, Jafmin, fans ce pauvre vieillard,
Qui dans Bordeaux me trouva par hazard,
Qui m'avoit vû, dir-il, dans mon enfance,
Une mort promte eut fini ma fouffrance :
Mais en quel lieu fommes-nous, cher Jafmin ?

JASMIN.

Près de Coignac, fi je fçai mon chemin ;
Et l'on m'a dit que mon vieux premier Maître,
Monfieur Rondon, loge en ces lieux peut-être.

EUPHEMON fils.

Rondon, le pere de... Quel nom dis-tu ?

JASMIN.

Le nom d'un homme affez brufque & bouru ;
Je fus jadis Page dans fa cuifine ;
Mais dominé d'une humeur libertine ;

Je voyageai, je fus depuis Coureur,
Laquais, Commis, Fantassin, Déserteur,
Puis dans Bordeaux je te pris pour mon Maître.
De moi Rondon se souviendra peut-être,
Et nous pourrions dans notre adversité...

EUPHEMON fils.

Et depuis quand, dis-moi, l'as-tu quitté ?

JASMIN.

Depuis quinze ans : c'étoit un caractere,
Moitié plaisant, moitié triste & colere ;
Au fond bon diable : il avoit un enfant,
Un vrai bijou, fille unique vraiment,
Oeil bleu, nez court, teint frais, bouche vermeille,
Et des raisons ! c'étoit une merveille ;
Cela pouvoit bien avoir de mon tems,
A bien compter entre six à sept ans,
Et cette fleur avec l'âge embellie,
Est en état, ma foi, d'être cueillie.

EUPHEMON fils,

Ah malheureux !

JASMIN.

Mais j'ai beau te parler,
Ce que je dis, ne te peut consoler ;
Je vois toujours à travers ta visiere,
Tomber des pleurs qui bordent ta paupiere.

EUPHEMON fils.

Quel coup du sort, ou quel ordre des Cieux,
A pû guider ma misere en ces lieux ?
Hélas !

JASMIN.

Ton œil contemple ces demeures ;
Tu reste-là tout pensif, & tu pleures.

EUPHEMON fils.

J'en ai sujet.

JASMIN.

Mais connois-tu Rondon ?
Serois-tu pas parent de la maison ?

EUPHEMON fils.

Ah ! laisses-moi.

JASMIN *en l'embrassant.*

Par charité, mon Maître,
Mon cher ami, dis-moi qui tu peus être.

EUPHEMON *en pleurant.*

Je suis. . . . je suis un malheureux mortel,
Je suis un fou, je suis un criminel,
Qu'on doit haïr, que le Ciel doit poursuivre,
Et qui devroit être mort.

JASMIN.

Songe à vivre ;
Mourir de faim est par trop rigoureux,
Tiens, nous avons quatre mains à nous deux,
Servons-nous-en sans complainte importune ;
Vois-tu d'ici ces gens dont la fortune
Est dans leur bras, qui la bêche à la main,
Le dos courbé retournent ce jardin ;
Enrollons-nous parmi cette canaille ;
Viens avec eux, imites-les, travaille,
Gagnes ta vie.

EUPHEMON fils.

Hélas ! dans leurs travaux,
Ces vils humains moins hommes qu'animaux,
Goûtent des biens dont toujours mes caprices
M'avoient privé dans mes fausses délices :
Ils ont au moins sans trouble & sans remords
La paix de l'ame & la santé du corps.

SCENE II.

Me CROUPILLAC, EUPHEMON fils, JASMIN.

Me CROUPILLAC *dans l'enfoncement.*

QUE vois-je-ici, ferois-je aveugle ou borgne ?
     C'est lui, ma foi, plus j'avise & je lorgne
Cet homme-là, plus je dis que c'est lui.
                    Elle le considere.
Mais ce n'est plus le même homme aujourd'hui,
Ce Cavalier brillant dans Angoulême,
Jouant gros jeu, cousu d'or.... c'est lui-même.
                Elle approche d'Euphemon.
Mais l'autre étoit riche, heureux, beau, bien fait ;
Et celui-ci me semble pauvre & laid ;
La maladie altére un beau visage,
La pauvreté change encor davantage.
                    JASMIN.
Mais pourquoi donc ce spectre féminin,
Nous poursuit-il de son regard malin ?
                              EUPHEMON

EUPHEMON.

Je la connois, hélas! ou je me trompe;
Elle m'a vû dans l'éclat, dans la pompe;
Il est affreux d'être ainsi dépouillé
Aux mêmes yeux, ausquels on a brillé;
Sortons.

Me CROUPILLAC *s'avançant vers Euphemon.*

Mon fils, quelle étrange avanture,
T'a donc réduit en si pietre posture ?

EUPHEMON.

Ma faute.

Me CROUPILLAC.

Hélas! comment te voilà mis !

JASMIN.

C'est pour avoir eu d'excellens amis,
C'est pour avoir été volé, Madame.

Me CROUPILLAC.

Volé ? par qui, comment ?

JASMIN.

Par bonté d'ame.

Nos voleurs font de très-honnêtes gens;
Gens du beau monde, aimables fainéans,
Buveurs, joueurs & conteurs agréables,
Des gens d'esprit, des femmes adorables.

Me CROUPILLAC.

J'entens, j'entens, vous avez tout mangé ;
Mais vous serez cent fois plus affligé,

D

Quand vous fçaurez les exceſſives pertes,
Qu'en fait d'himen j'ai depuis peu ſouffertes.

EUPHEMON.

Adieu, Madame.

Me CROUPILLAC *l'arrêtant.*

Adieu ? Non, tu ſçauras
Mon accident, parbleu tu me plaindras.

EUPHEMON.

Soit ; je vous plains , adieu.

Me CROUPILLAC.

Non, je te jure,
Tu ſçauras toute mon avanture :
Un Fierenfat Robin de ſon metier,
Vint avec moi connoiſſance lier
Dans Angoulême , au tems où vous battîtes
Quatre Huiſſiers, & la fuite vous prîtes ;
Ce Fierenfat habite en ce canton ,
Avec ſon pere, un Seigneur Euphemon.

EUPHEMON *revenant.*

Euphemon ?

Me CROUPILLAC.

Oui.

EUPHEMON.

Ciel! Madame, de grace,
Cet Euphemon , cet honneur de ſa race,
Que ſes vertus ont rendu ſi fameux ,
Seroit. . . .

Me CROUPILLAC.

Eh oui.

EUPHEMON.

Quoi ? dans ces mêmes lieux ?

Mᵉ CROUPILLAC.

Oui.

EUPHEMON.

Puis-je au moins ſçavoir. . . comme il ſe porte ?

Mᵉ CROUPILLAC.

Fort bien, je crois. . . . Que diable vous importe ?

EUPHEMON.

Et que dit-on. . . .

Mᵉ CROUPILLAC.

De qui ?

EUPHEMON.

D'un fils aîné

Qu'il eut jadis.

Mᵉ CROUPILLAC.

Ah ! c'eſt un fils mal né ,

Un garnement, une tête légere,
Un fou fieffé, le fleau de ſon pere,
Depuis long-tems de débauches perdu ,
Et qui peut-être eſt à préſent pendu.

EUPHEMON.

En vérité. . . je ſuis confus dans l'ame ,
De vous avoir interrompu, Madame.

Mᵉ CROUPILLAC.

Pourſuivons donc : Fierenfat ſon cadet ,
Chez moi l'amour hautement me faiſoit ;
Il me devoit avoir par mariage.

EUPHEMON.

Eh bien, a-t'il ce bonheur en partage ?

D ij

Eſt-il à vous ?

Mᶜ CROUPILLAC.

Non, ce fat engraiſſé
De tout le lot de ſon frere inſenſé,
Devenu riche, & voulant l'être encore,
Rompt aujourd'hui cet himen qui l'honore ;
Il veut ſaiſir la fille d'un Rondon,
D'un plat bourgeois, le coq de ce canton.

EUPHEMON.

Que dites-vous ?. . Quoi, Madame, il l'épouſe ?

Mᶜ CROUPILLAC.

Vous m'en voyez terriblement jalouſe.

EUPHEMON.

Ce jeune objet aimable. . . . dont Jaſmin
M'a tantôt fait un portrait tout divin,
Se donneroit. . . .

JASMIN.

Quelle rage eſt la vôtre !
Autant lui vaut ce mari-là qu'un autre,
Quel diable d'homme ! il s'afflige de tout.

EUPHEMON *à part.*

Ce coup a mis ma patience à bout ;

à Madame Croupillaç.

Ne doutez point que mon cœur ne partage
Amérement un ſi ſenſible outrage ;
Si j'étois cru, cette Liſe aujourd'hui
Aſſurément ne ſeroit pas pour lui.

Mᵉ CROUPILLAC.

Oh ! tu le prends du ton qu'il le faut prendre ;
Tu plains mon fort ; un gueux eft toujours tendre ,
Tu paroiſſois bien moins compatiſſant ,
Quand tu roulois ſur l'or & ſur l'argent ;
Ecoute : on peut s'entr'aider dans la vie.

JASMIN.

Aidez-nous donc , Madame, je vous prie.

Mᵉ CROUPILLAC.

Je veux ici te faire agir pour moi.

EUPHEMON.

Moi vous ſervir ? hélas ! Madame , en quoi ?

Mᵉ CROUPILLAC.

En tout. Il faut prendre en main mon injure ;
Un autre habit, quelque peu de parure
Te pourroient rendre encor aſſez joli ;
Ton eſprit eſt inſinuant , poli ,
Tu connois l'art d'empaumer une fille ;
Introduis-toi , mon cher, dans la famille,
Fais le flatteur auprès de Fierenfat,
Vantes ſon bien , ſon eſprit, ſon rabat ,
Sois en faveur , & lorſque je proteſte
Contre ſon vol , toi, mon cher, fais le reſte ;
Je veux gagner du tems en proteſtant.

EUPHEMON *voyant ſon pere.*

Que vois-je , ô Ciel !

Il s'enfuit.

D iij

Me CROUPILLAC.

Cet homme eſt ſou vraiment ;
Pourquoi s'enfuir ?

JASMIN.

C'eſt qu'il vous craint ſans doute.

Me CROUPILLAC.

Poltron ! demeure, arrête, écoute, écoute.

SCENE III.

EUPHEMON pere, JASMIN.

EUPHEMON pere.

JE l'avouerai, cet aſpect imprévû
D'un malheureux avec peine entrevû,
Porte à mon cœur je ne ſçai quelle atteinte,
Qui me remplit d'amertume & de crainte ;
Il a l'air noble, & même certains traits
Qui m'ont touché ; las ! je ne vois jamais
De malheureux à-peu-près de cet âge,
Que de mon fils la douloureuſe image
Ne vienne alors par un retour cruel
Perſécuter ce cœur trop paternel ;
Mon fils eſt mort, ou vit dans la miſere,
Dans la débauche, & fait honte à ſon pere ;
De tous côtez je ſuis bien malheureux,
J'ai deux enfans, ils m'accablent tous deux ;

L'un par sa perte & par sa vie infâme
Fait mon supplice & déchire mon ame ;
L'autre en abuse, il sent trop que sur lui
De mes vieux ans j'ai fondé tout l'appui ;
Pour moi la vie est un poids qui m'accable.

Appercevant Jasmin qui le salue.

Que veux-tu l'ami ?

JASMIN.

Seigneur aimable !
Reconnoissez, digne & noble Euphemon,
Certain Jasmin élevé chez Rondon.

EUPHEMON.

C'est toi ! le tems change un visage,
Et mon front chauve en sent le long outrage ;
Quand tu partis, tu me vis encore frais ;
Mais l'âge avance, & le terme est bien près ;
Tu reviens donc enfin dans ta patrie ?

JASMIN.

Oui, je suis las de tourmenter ma vie,
De vivre errant & damné comme un Juif ;
Le bonheur semble un Etre fugitif,
Le Diable enfin, qui toujours me promene,
Me fit partir, le Diable me ramene.

EUPHEMON.

Je t'aiderai : sois sage si tu peux ;
Mais quel étoit cet autre malheureux
Qui te parloit dans cette promenade,
Qui s'est enfui ?

JASMIN.

Mais.... c'eft mon camarade,
Un pauvre Here, affamé comme moi;
Qui n'ayant rien, cherche auffi de l'emploi.

EUPHEMON.

On peut tous deux vous occuper peut-être;
A-t-il des mœurs, eft-il fage?

JASMIN.

Il doit l'être,
Je lui connois d'affez bons fentimens;
Il a de plus de fort jolis talens,
Il fçait écrire, il fçait l'Arithmétique,
Deffine un peu, fçait un peu de Mufique;
Ce drôle-là fut très-bien élevé.

EUPHEMON.

S'il eft ainfi, fon pofte eft tout trouvé;
Jafmin, mon fils deviendra votre Maître,
Il fe marie, & dès ce foir peut-être,
Avec fon bien fon train doit augmenter;
Un de ces gens qui vient de le quitter
Vous laiffe encor une place vacante;
Tous deux ce foir il faut qu'on vous préfente,
Vous le verrez chez Rondon mon voifin,
J'en parlerai; j'y vais, adieu, Jafmin,
En attendant, tiens, voici de quoi boire.

SCENE IV.

JASMIN *seul.*

AH! l'honnête-homme : ô Ciel ! pourroit-on croire
Qu'il soit encor en ce siécle félon ,
Un cœur si droit , un mortel aussi bon ?
Cet air , ce port , cette ame bienfaisante ,
Du bon vieux tems est l'image parlante.

SCENE V.

EUPHEMON fils *revenant*, JASMIN.

JASMIN *en l'embrassant.*

JE t'ai trouvé déja condition ,
Et nous ferons Laquais chez Euphemon.

EUPHEMON fils.

Ah !

JASMIN.

S'il te plaît , quel excès de surprise ?
Pourquoi ces yeux de gens qu'on exorcise ?
Et ces sanglots coup sur coup redoublés ,
Pressant tes mots au passage étranglés ?

EUPHEMON fils.

Ah ! je ne puis contenir ma tendresse ,
Je céde au trouble , au remords qui me presse.

JASMIN.

Qu'a-t-elle dit qui t'ait tant agité ?

EUPHEMON fils.

Elle m'a dit. . . . je n'ai rien écouté.

JASMIN.

Qu'avez-vous donc ?

EUPHEMON fils.

Mon cœur ne peut se taire :

Cet Euphemon. . . .

JASMIN.

Eh bien ?

EUPHEMON fils.

Ah ! . . . c'eft mon pere.

JASMIN.

Qui lui, Monfieur ?

EUPHEMON fils.

Oui, je fuis cet aîné,

Ce criminel & cet infortuné,

Qui défola fa famille éperdue ;

Ah ! que mon cœur palpitoit à fa vûe,

Qu'il lui portoit fes vœux humiliés,

Que j'étois prêt de tomber à fes pieds !

JASMIN.

Qui ! vous, fon fils ? Ah ! pardonnez de grace

Ma familiere & ridicule audace,

Pardon, Monfieur.

EUPHEMON fils.

Va, mon cœur oppreffé

Peut-il fçavoir fi tu m'as offenfé ?

JASMIN.

Vous êtes fils d'un homme qu'on admire,
D'un homme unique ; & s'il faut tout vous dire,
D'Euphemon fils la réputation
Ne flaire pas à beaucoup près si bon.

EUPHEMON fils.

Et c'est aussi ce qui me desespere ;
Mais réponds-moi : que te disoit mon pere ?

JASMIN.

Moi, je disois que nous étions tous deux
Prêts à servir, bien élevés, très gueux ;
Et lui, plaignant nos destins simpatiques,
Nous recevoit tous deux pour domestiques ;
Il doit ce soir vous placer chez ce fils,
Ce Président à Life tant promis,
Ce Président votre fortuné frere,
De qui Rondon doit être le beau-pere.

EUPHEMON fils.

Eh bien ! il faut déveloper mon cœur ;
Vois tous mes maux, connois leur profondeur :
S'être attiré pour un tissu de crimes,
D'un pere aimé les fureurs légitimes,
Etre maudit, être deshérité,
Sentir l'horreur de la mendicité,
A mon cadet voir passer ma fortune,
Etre exposé dans ma honte importune
A le servir quand il m'a tout ôté ;
Voilà mon sort, je l'ai bien mérité ;

Mais croirois-tu qu'au sein de la souffrance,
Mort aux plaisirs, & mort à l'espérance,
Haï du monde & méprisé de tous,
N'attendant rien, j'ose être encor jaloux ?

JASMIN.

Jaloux ! de qui ?

EUPHEMON fils.

De mon frere, de Lise.

JASMIN.

Vous sentiriez un peu de convoitise
Pour votre sœur ? mais vraiment c'est un trait
Digne de vous, ce péché vous manquoit.

EUPHEMON fils.

Tu ne sçais pas qu'au sortir de l'enfance ;
(Car chez Rondon te n'étois plus je pense)
Par nos parens l'un à l'autre promis,
Nos cœurs étoient à leurs ordres soumis,
Tout nous lioit, la conformité d'âge,
Celle des goûts, les jeux, le voisinage.
Plantés exprès deux jeunes arbrisseaux,
Croissent ainsi pour unir leur rameaux.
Le tems, l'amour qui hâtoit sa jeunesse,
La fit plus belle, augmenta sa tendresse ;
Tout l'univers alors m'eut envié ;
Mais moi pour lors à des méchans lié,
Qui de mon cœur corrompoient l'innocence,
Ivre de tout dans mon extravagance,

Je me faisois un lâche point d'honneur ,
De méprifer , d'infulter fon ardeur ;
Le croirois-tu ? je l'accablai d'outrages ,
Quels tems hélas ! les violens orages
Des paffions qui troubloient mon deftin ,
A mes parens m'arracherent enfin ;
Tu fçais depuis quel fut mon fort funefte ,
J'ai tout perdu , mon amour feul me refte ,
Le Ciel , ce Ciel qui doit nous defunir ,
Me laiffe un cœur , & c'eft pour me punir.

JASMIN.

S'il eft ainfi , fi dans votre mifére
Vous la r'aimez , n'ayant pas mieux à faire ,
De Croupillac le confeil étoit bon ,
De vous fourrer , s'il fe peut , chez Rondon ;
Le fort maudit épuifa votre bourfe ,
L'amour pourroit vous fervir de reffource.

EUPHEMON fils.

Moi , l'ofer voir ? moi m'offrir à fes yeux ,
Après mon crime , en cet état hideux ?
Il me faut fuir un pere , une maîtreffe ,
J'ai de tous deux outragé la tendreffe ,
Et je ne fçais , ô regrets fuperflus !
Lequel des deux doit me haïr le plus.

═══════════════════════════════════

SCENE VI.

EUPHEMON fils, FIERENFAT, JASMIN.

JASMIN.

VOilà, je crois, ce Préfident fi fage.

EUPHEMON fils.

Lui ? je n'avois jamais vû fon vifage,
Quoi ! c'eft donc lui, mon frere, mon rival ?

FIERENFAT.

En vérité cela ne va pas mal ;
J'ai tant preffé, tant fermoné mon pere,
Que malgré lui nous finiffons l'affaire ;

En voyant Jafmin.

Où font ces gens qui vouloient me fervir ?

JASMIN.

C'eft nous, Monfieur, nous venions nous offrir
Très-humblement.

FIERENFAT.

Qui de vous deux fçait lire ?

JASMIN.

C'eft lui, Monfieur.

FIERENFAT.

Il fçait fans doute écrire ?

JASMIN.

Oh oûi, Monfieur, déchiffrer, calculer.

FIERENFAT.

Mais il devroit favoir auffi parler ?

JASMIN.

Il eft timide, & fort de maladie.

FIERENFAT.

Il a pourtant la mine affez hardie,
Il me paroît qu'il fent affez fon bien :
Combien veux-tu gagner de gages ?

EUPHEMON fils.

Rien.

JASMIN.

Oh, nous avons, Monfieur, l'ame héroïque.

FIERENFAT.

A ce prix-là, viens, fois mon domeftique,
C'eft un marché que je veux accepter,
Viens, à ma femme il faut te préfenter.

EUPHEMON fils.

A votre femme ?

FIERENFAT.

Oui, oui, je me marie.

EUPHEMON fils.

Quand ?

FIERENFAT.

Dès ce foir.

EUPHEMON fils.

Ciel ! . . . Monfieur, je vous prie,
De cet objet vous êtes donc charmé ?

FIERENFAT.

Oui.

EUPHEMON fils.

Monſieur !

FIERENFAT.

Hem !

EUPHEMON fils.

En ſeriez-vous aimé ?

FIERENFAT.

Oui. Vous ſemblez bien curieux, mon drôle !

EUPHEMON fils.

Que je voudrois lui couper la parole,
Et le punir de ſon trop de bonheur !

FIERENFAT.

Qu'eſt-ce qu'il dit ?

JASMIN.

Il dit que de grand cœur,
Il voudroit bien vous reſſembler & plaire.

FIERENFAT.

Eh, je le crois, mon homme eſt téméraire ;
Ça : qu'on me ſuive, & qu'on ſoit diligent,
Sobre, frugal, ſoigneux, adroit, prudent,
Reſpectueux ; allons, la Fleur, la Brie,
Venez faquins.

EUPHEMON fils.

Il me prend une envie,
C'eſt d'affubler ſa face de Palais
A poing fermé de deux larges ſoufflets.

JASMIN.

JASMIN.

Vous n'êtes pas trop corrigé , mon Maître !

EUPHEMON. fils.

Ah ! foyons fages , il eft bien tems de l'être ;

Le fruit au moins que je dois recueillir

De tant d'erreurs , eft de fçavoir fouffrir.

Fin du troifiéme Acte.

E

ACTE IV.

SCENE PREMIERE.

Me CROUPILLAC, EUPHEMON fils,
JASMIN.

Me CROUPILLAC.

'AY, mon très-cher, par prévoyance
extrême,
Fait arriver deux Huissiers d'Angoulême,
Et toi, t'es-tu servi de ton esprit ?
As-tu bien fait tout ce que je t'ai dit ?
Pourras-tu bien d'un air de prudhomie,
Dans la maison semer la zizanie ?
As-tu flatté le bon-homme Euphemon ?
Parles : as-tu vû la future ?

EUPHEMON fils.

Hélas ! non.

Me CROUPILLAC.

Comment ?

EUPHEMON fils.

Croyez que je me meurs d'envie
D'être à ses pieds.

Mᶜ CROUPILLAC.

Allons donc, je t'en prie ;
Attaques-la pour me plaire , & rends-moi
Ce traître ingrat , qui séduisit ma foi ;
Je vais pour toi procéder en justice ,
Et tu feras l'amour pour mon service ;
Reprens cet air imposant & vainqueur ,
Si sûr de soi, si puissant sur un cœur , ~
Qui triomphoit sitôt de la sagesse ;
Pour être heureux , reprens ta hardiesse.

EUPHEMON fils.

Je l'ai perdue.

Mᶜ CROUPILLAC.

Eh quoi ! quel embarras !

EUPHEMON fils.

J'étois hardi lorsque je n'aimois pas.

JASMIN.

D'autres raisons l'intimident peut-être ,
Ce Fierenfat est , ma foi, notre maître ,
Pour ses valets il nous retient tous deux.

Mᶜ CROUPILLAC.

C'est fort bien fait, vous êtes trop heureux ,
De sa Maîtresse être le Domestique,
Est un bonheur, un destin presque unique ;
Profitez-en.

JASMIN.

Je vois certains attraits
S'acheminer pour prendre ici le frais,
De chez Rondon, me semble, elle est partie.

Me CROUPILLAC.

Eh, fois donc vîte amoureux, je t'en prie,
Voici le tems, ose un peu lui parler.
Quoi! je te vois soupirer & trembler!
Tu l'aimes donc? ah! mon cher, ah de grace!

EUPHEMON fils.

Si vous sçaviez, hélas! ce qui se passe
Dans mon esprit interdit & confus,
Ce tremblement ne vous surprendroit plus.

JASMIN.

L'aimable enfant! comme elle est embellie!

EUPHEMON fils.

C'est-elle, ô Dieux! je meurs de jalousie,
De desespoir, de remords & d'amour.

Me CROUPILLAC.

Adieu, je vais te servir à mon tour.

EUPHEMON fils.

Si vous pouvez, faites que l'on différe
Ce triste himen.

Me CROUPILLAC.

C'est ce que je vais faire.

EUPHEMON fils.

Je tremble, hélas!

JASMIN.

Il faut tâcher du moins
Que vous puiffiez lui parler fans témoins :
Retirons-nous.

EUPHEMON fils.

Oh ! je te fuis, j'ignore
Ce que j'ai fait, ce qu'il faut faire encore,
Je n'oferai jamais m'y préfenter.

SCENE II.

LISE, MARTHE, JASMIN *dans l'enfonce-*
ment, & EUPHEMON *plus reculé.*

LISE.

J'Ai beau me fuir, me chercher, m'éviter,
Rentrer, fortir, goûter la folitude,
Et de mon cœur faire en fecret l'étude,
Plus j'y regarde, hélas ! & plus je vois
Que le bonheur n'étoit pas fait pour moi.
Si quelque chofe un moment me confole,
C'eft Croupillac, c'eft cette vieille folle,
A mon himen mettant empêchement ;
Mais ce qui vient redoubler mon tourment,
C'eft qu'en effet Fierenfat & mon pere,
En font plus vifs à preffer ma mifere ;
Ils ont gagné le bon-homme Euphemon,

E iij

MARTHE.

En vérité ce vieillard eſt trop bon,
Ce Fierenfat eſt par trop tirannique,
Il le gouverne.

LISE.

Il aime un fils unique;
Je lui pardonne, accablé du premier,
Au moins ſur l'autre il cherche à s'appuyer.

MARTHE.

Mais après tout, malgré ce qu'on publie,
Il n'eſt pas ſûr que l'aîné ſoit ſans vie.

LISE.

Hélas! il faut; quel funeſte tourment,
Le pleurer mort, ou le haïr vivant!

MARTHE.

De ſon danger cependant la nouvelle,
Dans votre cœur mettoit quelque étincelle.

LISE.

Ah! ſans l'aimer on peut plaindre ſon ſort.

MARTHE.

Mais n'être plus aimé, c'eſt être mort:
Vous allez donc être enfin à ſon frere?

LISE.

Ma chere enfant, ce mot me deſeſpere;
Pour Fierenfat tu connois ma froideur,
L'averſion s'eſt changée en horreur;
C'eſt un breuvage affreux, plein d'amertume,
Que dans l'excès du mal qui me conſume,

Je me réfous de prendre malgré moi,
Et que ma main rejette avec effroi.

JASMIN *tirant Marthe par la robe.*

Puis-je en fecret, ô gentille merveille!
Vous dire ici quatre mots à l'oreille ?

MARTHE *à Jafmin.*

Très-volontiers.

LISE *à part.*

O fort ! pourquoi faut-il,
Que de mes jours tu refpectas le fil,
Lorfqu'un ingrat, un Amant fi coupable,
Rendit ma vie, hélas ! fi miférable.?

MARTHE *revenant à Life.*

C'eft un des gens de votre Préfident ;
Il eft à lui, dit-il, nouvellement ;
Il voudroit bien vous parler ?

LISE.

Qu'il attende.

MARTHE *à Jafmin.*

Mon cher ami, Madame vous commande
D'attendre un peu.

LISE.

Quoi ? toujours m'excéder,
Et même abfent en tous lieux m'obféder ;
De mon himen que je fuis déja laffe !

JASMIN *à Marthe.*

Ma belle enfant, obtiens-nous cette grace.

E iiij

MARTHE *revenant*.

Abſolument il prétend vous parler.

LISE.

Ah ! je vois bien qu'il faut nous en aller.

MARTHE.

Ce quelqu'un-là veut vous voir tout à l'heure,
Il faut, dit-il , qu'il vous parle, ou qu'il meure,

LISE.

Rentrons, te dis-je , & courons me cacher.

SCENE III.

LISE, MARTHE, EUPHEMON fils *s'ap-puyant ſur Jaſmin.*

EUPHEMON fils.

L A voix me manque, & je ne peux marcher,
Mes foibles yeux ſont couverts d'un nuage.

JASMIN.

Donnez la main : venons ſur ſon paſſage.

EUPHEMON fils.

Un froid mortel a paſſé dans mon cœur ;

à Liſe,

Souffrirez-vous ?...

LISE *ſans le regarder.*

Que voulez-vous , Monſieur ?

EUPHEMON fils *ſe jettant à genoux.*

Ce que je veux ? La mort que je mérite,

LISE.

Que vois-je, ô Ciel!

MARTHE.

Quelle étrange visite!

C'est Euphemon? Grand Dieu! qu'il est changé:

EUPHEMON fils.

Oui je le suis, votre cœur est vangé;
Oui, vous devez en tout me méconnaître;
Je ne suis plus ce furieux, ce traître,
Si détesté, si craint dans ce séjour,
Qui fit rougir la Nature & l'Amour;
Jeune, égaré, j'avois tous les caprices,
De mes amis j'avois pris tous les vices,
Et le plus grand qui ne peut s'effacer,
Le plus affreux fut de vous offenser;
J'ai reconnu, j'en jure, par vous-même,
Par la vertu que j'ai fui, mais que j'aime;
J'ai reconnu ma détestable erreur,
Le vice étoit étranger dans mon cœur,
Ce cœur n'a plus les taches criminelles,
Dont il couvrit ses clartez naturelles,
Mon feu pour vous, ce feu saint & sacré,
Y reste seul, il a tout épuré;
C'est cet amour, c'est lui qui me ramene,
Non pour briser votre nouvelle chaîne,
Non pour oser traverser vos destins,
Un malheureux n'a pas de tels desseins:
Mais quand les maux où mon esprit succombe,
Dans mes beaux jours avoient creusé ma tombe;

A peine encor échappé du trépas,
Je fuis venu ; l'amour guidoit mes pas,
Oui, je vous cherche à mon heure derniere ;
Heureux cent fois en quittant la lumiere,
Si deftiné pour être votre époux,
Je meurs au moins fans être haï de vous !

LISE,

Je fuis à peine en mon fens revenue ;
C'eft vous ? ô Ciel ! vous qui cherchez ma vûe,
Dans quel état ? quel jour ! . . ah malheureux !
Que vous avez fait de tort à tous deux !

EUPHEMON fils.

Oui, je le fçais ; mes excès que j'abhorre,
En vous voyant, femblent plus grands encore ;
Ils font affreux, & vous les connaiffez ;
J'en fuis punis, mais point encore affez.

LISE.

Eft-il bien vrai ? malheureux que vous êtes !
Qu'enfin domptant vos fougues indifcretes,
Dans votre cœur en effet combattu,
Tant d'infortune ait produit la vertu ?

EUPHEMON fils.

Qu'importe hélas ! que la vertu m'éclaire ;
Ah ! j'ai trop tard apperçu fa lumiere,
Trop vainement mon cœur en eft épris,
De la vertu je perds en vous le prix.

LISE.

Mais, répondez, Euphemon, puis-je croire,
Que vous ayez gagné cette victoire ?

Confultez-vous, ne trompez point mes vœux,
Seriez-vous bien & fage & vertueux ?

EUPHEMON fils.

Oui, je le fuis ; car mon cœur vous adore.

LISE.

Vous, Euphemon ! vous m'aimeriez encore ?

EUPHEMON fils.

Si je vous aime ! hélas, je n'ai vécu
Que par l'amour qui feul m'a foutenu ;
J'ai tout fouffert, tout jufqu'à l'infamie ;
Ma main cent fois alloit trancher ma vie,
Je refpectai les maux qui m'accabloient,
J'aimai mes jours, ils vous appartenoient ;
Oui, je vous dois mes fentimens, mon être,
Ces jours nouveaux qui me luiront peut-être ;
De ma raifon je vous dois le retour ;
Si j'en conferve avec autant d'amour,
Ne cachez point à mes yeux pleins de larmes,
Ce front ferein, brillant de nouveaux charmes ;
Regardez-moi tout changé que je fuis,
Voyez l'effet de mes cruels ennuis,
De longs remords, une horrible trifteffe,
Sur mon vifage ont flétri la jeuneffe ;
Je fus peut-être autrefois moins affreux ;
Mais voyez-moi, c'eft tout ce que je veux.

LISE.

Si je vous vois conftant & raifonnable,
C'en eft affez, je vous vois trop aimable.

EUPHEMON fils.

Que dites-vous ? Jufte Ciel ! vous pleurez ?

LISE à *Marthe.*

Ah ! foutiens-moi, mes fens font égarés ;
Moi, je ferois l'époufe de fon frere ? . . .
N'avez-vous point vû déja votre pere ?

EUPHEMON fils.

Mon front rougit, il ne s'eft point montré
A ce vieillard que j'ai deshonoré ;
Haï de lui, profcrit fans éfpérance,
J'ofe l'aimer, mais je fuis fa préfence.

LISE.

Eh, quel eft donc votre projet enfin ?

EUPHEMON fils.

Si de mes jours Dieu recule la fin,
Si votre fort vous attache à mon frere,
Je vais chercher le trépas à la guerre,
Changeant de nom auffi bien que d'état,
Avec honneur je fervirai Soldat,
Peut-être un jour le bonheur de mes armes
Fera ma gloire, & m'obtiendra vos larmes,
Par ce métier l'honneur n'eft point bleffé,
Rofe & Fabert ont ainfi commencé.

LISE.

Ce defefpoir eft d'une ame bien haute,
Il eft d'un cœur au deffus de fa faute ;
Ces fentimens me touchent encor plus,
Que vos pleurs mêmes à mes pieds répandus :

Non, Euphemon, si de moi je difpofe,
Si je peux fuir l'himen qu'on me propofe,
De votre fort fi je peux prendre foin,
Pour le changer vous n'irez pas fi loin.

EUPHEMON fils.

O Ciel! mes maux ont attendri votre ame !

LISE.

Ils me touchoient ; votre remords m'enflame.

EUPHEMON fils.

Quoi ? vos beaux yeux fi long-tems courroucés
Avec amour fur les miens font baiffés !
Vous rallumez ces feux fi légitimes,
Ces feux facrés qu'avoient éteint mes crimes ;
Ah ! fi mon frere au tréfor attaché,
Garde mon bien à mon pere arraché,
S'il engloutit à jamais l'héritage,
Dont la nature avoit fait mon partage ;
Qu'il porte envie à ma félicité,
Je vous fuis cher, il eft deshérité ;
Ah ! je mourrai de l'excès de ma joie.

MARTHE.

Ma foi, c'eft lui qu'ici le diable envoye.

LISE.

Contraignez donc ces foupirs enflamés,
Diffimulez.

EUPHEMON fils.

Pourquoi ? fi vous m'aimez.

LISE.

Ah! redoutez mes parens, votre pere ;
Nous ne pouvons cacher à votre frere,
Que vous avez embraſſé mes genoux ;
Laiſſez-le au moins ignorer que c'eſt vous.

MARTHE.

Je ris déja de ſa grave colere.

SCENE IV.

LISE, EUPHEMON fils , MARTHE,
JASMIN, FIERENFAT *dans le fond ,*
pendant qu'Euphemon lui tourne le dos.

FIERENFAT.

OÙ quelque Diable a troublé ma viſiere ,
Ou ſi mon œil eſt toujours clair & net ,
Je ſuis, j'ai vû... je le ſuis, j'ai mon fait ;

En avançant vers Euphemon.

Ah! c'eſt donc toi , traître, impudent, fauſſaire.

EUPHEMON *en colere.*

Je !

JASMIN *ſe mettant entr'eux.*

C'eſt, Monſieur, une importante affaire ,
Qui ſe traitoit, & que vous dérangez ;
Ce ſont deux cœurs en peu de tems changés ;
C'eſt du reſpect, de la reconnoiſſance ,
De la vertu... Je m'y perds quand j'y penſe.

FIERENFAT.

De la vertu ? Quoi ! lui baiſer la main ,
De la vertu ? ſcélérat !

EUPHEMON fils.

Ah ! Jaſmin,

Que ſi j'oſois. . . .

FIERENFAT.

Non , tout ceci m'aſſomme ,
Si c'eût été du moins un Gentilhomme !
Mais un valet , un gueux , contre lequel ,
En intentant un procès criminel ,
C'eſt de l'argent que je perdrai peut-être.

LISE *à Euphemon.*

Contraignez-vous ſi vous m'aimez.

FIERENFAT.

Ah ! traître ,

Je te ferai pendre ici ſur ma foi.

à Marthe.

Tu ris , coquine ?

MARTHE.

Oui , Monſieur.

FIERENFAT.

Et pourquoi ?

De quoi ris-tu ?

MARTHE.

Mais , Monſieur , de la choſe.

FIERENFAT.

Tu ne ſçais pas à quoi ceci t'expoſe

Ma bonne amie, & ce qu'au nom du Roi,
On fait par foi aux filles comme toi.

MARTHE.

Pardonnez-moi, je le sçais à merveilles.

FIERENFAT à *Life.*

Et vous femblez vous boucher les oreilles ;
Vous, infidelle, avec votre air fucré,
Qui m'avez fait ce tour prématuré ;
De votre cœur l'inconftance eft précoce,
Un jour d'himen, une heure avant la nôce !
Voilà, ma foi, de votre probité.

LISE.

Calmez, Monfieur, votre efprit irrité,
Il ne faut pas fur la fimple apparence,
Légérement condamner l'innocence

FIERENFAT.

Quelle innocence !

LISE.

Oui, quand vous connaîtrez
Mes fentimens, vous les eftimerez.

FIERENFAT.

Plaifant chemin pour avoir de l'eftime !

EUPHEMON fils.

Oh ! c'en eft trop.

LISE.

Quel couroux vous anime !

Eh, réprimez.

EUPHEMON fils.

Non, je ne peux souffrir
Que d'un reproche il ose vous couvrir.

FIERENFAT.

Sçavez-vous bien que l'on perd son douaire,
Son bien, sa dot, quand. ...

EUPHEMON *en colere, & mettant la main sur la garde de son épée.*

Sçavez-vous vous taire?

LISE.

Eh, modérez.

EUPHEMON fils.

Monsieur le Président,
Prenez un air un peu moins imposant,
Moins fier, moins haut, moins Juge ; car Madame
N'a pas l'honneur d'être encor votre femme ;
Elle n'est point votre maîtresse aussi,
Eh, pourquoi donc gronder de tout ceci ?
Vos droits sont nuls, il faut avoir sçu plaire,
Pour obtenir le droit d'être en colere ;
De tels appas n'étoient pas faits pour vous,
Il vous sied mal d'oser être jaloux ;
Madame est bonne, & fait grace à mon zéle ;
Imitez-la, soyez aussi bon qu'elle.

FIERENFAT *en posture de se battre.*

Je n'y puis plus tenir : à moi, mes gens.

EUPHEMON fils,

Comment ?

F

FIERENFAT.

Allez me chercher des Sergens.

LISE à *Euphemon fils.*

Retirez-vous.

FIERENFAT.

Je te ferai connaître
Ce que l'on doit de respect à son maître,
A mon état, à ma robe.

EUPHEMON fils.

Observez
Ce qu'à Madame ici vous en devez,
Et quant à moi, quoi qu'il puisse en paroître,
C'est vous, Monsieur, qui m'en devez peut-être.

FIERENFAT.

Moi.. moi ?

EUPHEMON fils.

Vous... vous.

FIERENFAT.

Ce drôle est bien osé:
C'est quelque Amant en valet déguisé:
Qui donc es-tu, réponds-moi ?

EUPHEMON fils.

Je l'ignore;
Ma destinée est incertaine encore,
Mon sort, mon rang, mon état, mon bonheur,
Mon être enfin, tout dépend de son cœur,
De ses regards, de sa bonté propice.

FIERENFAT.

Il dépendra bientôt de la Justice,

Je t'en réponds ; va, va, je cours hâter
Tous mes Records, & vîte inſtrumenter ;
Allez, perfide, & craignez ma colere,
J'amenerai vos parens, votre pere ;
Votre innocence en ſon jour paroîtra,
Et comme il faut on vous eſtimera.

SCENE V.

LISE, EUPHEMON fils, MARTHE.

LISE.

EH, cachez-vous ; de grace rentrons vîte,
De tout ceci je crains pour nous la ſuite,
Si votre pere apprenoit que c'eſt vous,
Rien ne pourroit appaiſer ſon courroux ;
Il penſeroit qu'une fureur nouvelle,
Pour l'inſulter en ces lieux vous rappelle ;
Que vous venez entre nos deux maiſons
Porter le trouble & les diviſions ;
Et l'on pourroit pour ce nouvel eſclandre,
Vous enfermer, hélas ! ſans vous entendre,

MARTHE.

Laiſſez-moi donc le ſoin de le cacher ;
Soyez-en ſûr, on aura beau chercher,

LISE.

Allez, croyez qu'il eſt très-néceſſaire
Que j'adouciſſe en ſecret votre pere ;

De la nature il faut que le retour
Soit, s'il se peut, l'ouvrage de l'amour ;
Cachez-vous bien. . .

à Marthe.

Gardez qu'il ne paroisse ;

Eh, va donc vîte.

SCENE VI.

RONDON, LISE.

RONDON.

EH bien ! ma Lise, qu'est-ce,
Je te cherchois & ton époux aussi ?

LISE.

Il ne l'est pas, je le crois, Dieu merci !

RONDON.

Où vas-tu donc ?

LISE.

Monsieur, la biénséance

M'oblige encor d'éviter sa présence.

Elle sort.

RONDON.

Ce Président est donc bien dangereux !
Je voudrois être incognito près d'eux;
Là. . . voir un peu quelle plaisante mine
Font deux Amans qu'à l'himen on destine.

SCENE VII.

FIERENFAT, RONDON, SERGENS.

FIERENFAT.

AH les fripons ! ils font fins & fubtils ;
   Où les trouver ? où font-ils, où font-ils ?
Où cachent-ils ma honte & leur frédaine ?

RONDON.

Ta gravité me femble hors d'haleine,
Que t'as-t-on fait ? Qu'eft-ce que tu pourfuis ?
Que cherches-tu, qu'as-tu ?

FIERENFAT.

            J'ai que je fuis ;
Ah ! je le fuis ; oui, je le fuis, beau-pere !
Oui, je le fuis.

RONDON.

    Comment donc ? quel miftere !

FIERENFAT.

Votre fille, ah ! je fuis, je fuis à bout.

RONDON.

Si je croyois. . . .

FIERENFAT.

    Vous pouvez croire tout.

RONDON.

Mais plus j'entends, moins je comprends mon gendre.

FIERENFAT.

Mon fait pourtant eft facile à comprendre.

RONDON.

S'il étoit vrai, devant tous mes voisins,
J'étranglerois ma Lise de mes mains.

FIERENFAT.

Etranglez donc, car la chose est prouvée.

RONDON.

Mais en effet ici je l'ai trouvée,
La voix éteinte & le regard baissé ;
Elle avoit l'air timide , embarrassé ;
Mon gendre allons , surprenons la pendarde ,
Voyons le cas ; car l'honneur me poignarde ;
Tu-dieu, l'honneur! Oh voyez-vous ? Rondon
En fait d'honneur n'entend jamais raison.

Fin du quatriéme Acte.

ACTE V.

SCENE PREMIERE.

LISE, MARTHE.

LISE.

H! je me fauve à peine entre tes bras ;
Que de dangers ! quel horrible embarras !
Faut-il qu'une ame auſſi tendre, auſſi pure ,
D'un tel ſoupçon ſouffre un moment l'in-
    jure !
Cher Euphemon, cher & funeſte Amant ,
Es-tu donc né pour faire mon tourment ?
A ton départ tu m'arrachas la vie ,
Et ton retour m'expoſe à l'infamie.

à Marthe.

Prens garde au moins , car on cherche partout.

MARTHE.

J'ai mis , je crois, tous mes chercheurs à bout ;

Nous braverons le Greffe & l'écritoire ;
Certains recoins chez moi dans mon armoire ,
Pour mon usage en secret pratiqués ,
Par ces Furets ne sont point remarqués ;
Là, votre Amant se tapit, se dérobe
Aux yeux hagards des noirs pédans en robe ;
Je les ai tous fait courir comme il faut ,
Et de ces chiens la meute est en défaut.

SCENE II.

LISE, MARTHE, JASMIN.

LISE.

EH bien. Jasmin, qu'a-t-on fait ?

JASMIN.

Avec gloire ;
J'ai soutenu mon interrogatoire ,
Tel qu'un fripon blanchi dans le métier ;
J'ai répondu sans jamais m'effraïer :
L'un vous traînoit sa voix de pédagogue ,
L'autre brailloit d'un ton cas ; d'un air rogue ,
Tandis qu'un autre avec un ton fluté ,
Disoit : mon fils, sçachons la vérité ;
Moi toujours ferme & toujours laconique ,
Je rembarrois la troupe scolastique.

LISE.

On ne sçait rien ?

JASMIN.

Non rien, mais dès demain
On fçaura tout ; car tout se fçait enfin.

LISE.

Ah ! que du moins Fierenfat en colere,
N'ait pas le tems de prévenir fon pere ;
J'en tremble encor, & tout accroît ma peur.
Je crains pour lui, je crains pour mon honneur;
Dans mon amour j'ai mis mes efpérances ;
Il m'aidera.

MARTHE.

Moi, je fuis dans des trances,
Que tout ceci ne foit cruel pour vous ;
Car nous avons deux peres contre nous ;
Un Préfident, les bégueules, les prudes ;
Si vous fçaviez quels airs hautains & rudes,
Quel ton fevere & quel fourcil froncé
De leur vertu le fafte rehauffé,
Prend contre vous, avec quelle infolence
Leur acreté pourfuit votre innocence ;
Leur cris, leur zele & leur fainte fureur
Vous feroient rire, ou vous feroient horreur.

JASMIN.

J'ai voyagé, j'ai vû du tintamare,
Je n'ai jamais vû femblable bagare,
Tout le logis eft fans deffus deffous ;
Ah ! que les gens font fots, méchans & fous :

On vous accuſe, on augmente, on murmure,
En cent façons on conte l'avanture ;
Les violons ſont déja renvoyés,
Tout interdits, ſans boire, & point payés ;
Pour le feſtin ſix tables bien dreſſées,
Dans ce tumulte ont été renverſées ;
Le peuple accourt, le Laquais boit & rit,
Et Rondon jure, & Fierenfat écrit.

LISE.

Et d'Euphemon le pere reſpectable,
Que fait-il donc dans ce trouble effroyable?

MARTHE.

Madame on voit ſur ſon front éperdu
Cette douleur qui ſied à la vertu ;
Il leve au Ciel les yeux, & ne peut croire
Que vous ayez d'une tache ſi noire
Souillé l'honneur de vos jours innocens ;
Par des raiſons il combat vos parens ;
Enfin ſurpris des preuves qu'on lui donne,
Il en gémit, & dit que ſur perſonne,
Il ne faudra s'aſſurer déſormais,
Si cette tache a flétri vos attraits.

LISE.

Que ce vieillard m'inſpire de tendreſſe !

MARTHE.

Voici Rondon, vieillard d'une autre eſpéce :
Fuyons, Madame !

LISE.

Ah ! gardons-nous-en bien,
Mon cœur est pur, il ne doit craindre rien.

JASMIN.

Moi je crains donc ?

SCENE III.

LISE, MARTHE, RONDON.

RONDON.

Matoise, mijaurée,
Fille pressée, âme dénaturée !
Ah ! Lise, Lise : allons, je veux sçavoir
Tous les entours de ce procédé noir :
Ça, depuis quand connois-tu le Corsaire ?
Son nom, son rang, comment t'a-t-il pû plaire ?
De ses méfaits je veux sçavoir le fil ;
D'où nous vient-il ? en quel endroit est-il ?
Réponds, reponds ; tu ris de ma colere,
Tu ne meurs pas de honte ?

LISE.

Non, mon pere.

RONDON.

Encor des *non* ? toujours ce chien de ton,
Et toujours *non*, quand on parle à Rondon ?

La négative eſt pour moi trop ſuſpecte ,
Quand on a tort , il faut qu'on me reſpecte ,
Que l'on me craigne , & qu'on ſçache obéir.

L I S E.

Oui , je ſuis prête à vous tout découvrir.

R O N D O N.

Ah ! c'eſt parler cela. Quand je menace ,
On eſt petit.

L I S E.

Je ne veux qu'une grace ;
C'eſt qu'Euphemon daignât auparavant
Seul en ce lieu me parler un moment.

R O N D O N.

Euphemon ? bon ! eh , que pourra-t-il faire ?
C'eſt à moi ſeul qu'il faut parler.

L I S E.

Mon pere !
J'ai des ſecrets qu'il faut lui confier,
Pour votre honneur , daignez me l'envoyer,
Daignez… c'eſt tout ce que je puis vous dire.

R O N D O N.

A ſa demande encor faut-il ſouſcrire ,
A ce bon-homme elle veut s'expliquer ,
On peut fort bien ſouffrir ſans rien riſquer ,
Qu'en confidence elle lui parle ſeule ;
Puis ſur le champ je cloître ma bégueule.

SCENE IV.

LISE, MARTHE.

LISE.

DIgne Euphemon ! pourrois-je te toucher ?
Mon cœur de moi semble se détacher ,
J'attends ici mon trépas ou ma vie ;

à Marthe.

Ecoute un peu.

Elle lui parle à l'oreille.

MARTHE.

Vous ferez obéie.

SCENE V.

EUPHEMON pere, LISE.

LISE.

UN siége… hélas !.. Monsieur asseyez-vous,
Et permettez que je parle à genoux.

EUPHEMON *l'empêchant de se mettre à genoux.*

Vous m'outragez.

LISE.

Non , mon cœur vous revere,
Je vous regarde à jamais comme un pere.

EUPHEMON.

Qui, vous ? ma fille.

LISE.

Oui, j'ofe me flatter

Que c'eft un nom que j'ai fçu mériter,

EUPHEMON.

Après l'éclat & la trifte avanture,

Qui de nos nœuds a caufé la rupture.

LISE.

Soyez mon Juge, & lifez dans mon cœur,

Mon Juge enfin fera mon protecteur ;

Ecoutez-moi, vous allez reconnaître

Mes fentimens & les vôtres peut-être.

Elle prend un fiége à côté de lui,

Si votre cœur avoit été lié

Par la plus tendre & plus pure amitié,

A quelque objet de qui l'aimable enfance,

Donna d'abord la plus belle efpérance,

Et qui brilla dans fon heureux printems,

Croiffant en grace, en mérite, en talens,

Si quelque tems fa jeuneffe abufée,

Des vains plaifirs fuivant la pente aifée,

Au feu de l'âge avoit facrifié

Tous fes devoirs & même l'amitié,

EUPHEMON.

Eh bien ?

LISE.

Monfieur, fi cette expérience

Eut reconnu la trifte jouiffance

De ces faux biens, objets de ses transports,
Nés de l'erreur & suivis des remords,
Honteux enfin de sa folle conduite,
Si sa raison par le malheur instruite,
De ses vertus rallumant le flambeau,
Le ramenoit avec un cœur nouveau;
Ou que plutôt honnête homme & fidele,
Il eut repris sa forme naturelle,
Pourriez-vous bien lui fermer aujourd'hui
L'accès d'un cœur qui fut ouvert pour lui?

EUPHEMON.

De ce portrait que voulez-vous conclure,
Et quel rapport a-t-il à mon injure?
Le malheureux qu'à vos pieds on a vû,
Est un jeune homme en ces lieux inconnu,
Et cette veuve, ici dit-elle même,
Qu'elle l'a vû six mois dans Angoulême;
Un autre dit que c'est un effronté,
D'amours obscurs follement entêté,
Et j'avouerai que ce portrait redouble
L'étonnement & l'horreur qui me trouble.

LISE.

Hélas! Monsieur, quand vous aurez appris
Tout ce qu'il est, vous serez plus surpris;
De grace un mot, votre ame est noble & belle,
La cruauté n'est pas faite pour elle;
N'est-il pas vrai, qu'Euphemon votre fils,
Fut long-tems cher à vos yeux attendris?

EUPHEMON.

Oui, je l'avoue, & fes lâches offenfes
Ont d'autant mieux mérité mes vengeances ;
J'ai plaint fa mort, j'avois plaint fes malheurs ;
Mais la nature au milieu de mes pleurs
Auroit laiffé ma raifon faine & pure,
De fes excès punir fur lui l'injure.

LISE.

Vous ! vous pourriez à jamais le punir,
Sentir toujours le malheur de haïr,
Et repouffer encor avec outrage,
Ce fils changé, devenu votra image,
Qui de fes pleurs arroferoit vos pieds,
Le pourriez-vous ?

EUPHEMON.

Hélas ! vous oubliez,
Qu'il ne faut point par de nouveaux fupplices,
De ma bleffure ouvrir les cicatrices ;
Mon fils eft mort, ou mon fils loin d'ici,
Eft fans retour dans le crime endurci,
De la vertu s'il eut repris la trace,
Viendroit-il pas me demander fa grace ?

LISE.

La demander ! Sans doute il y viendra ;
Vous l'entendrez ; il vous attendrira.

EUPHEMON.

Que dites-vous ?

LISE

LISE.

Oui, si la mort trop prompte,
N'a pas fini sa douleur & sa honte,
Peut-être ici vous le verrez mourrir
A vos genoux d'excès de repentir.

EUPHEMON.

Vous sentez trop quel est mon trouble extréme;
Mon fils vivroit?

LISE.

S'il arrive, il vous aime.

EUPHEMON.

Ah! s'il m'aimoit: mais quelle vaine erreur?
Comment? de qui l'apprendre?

LISE.

De son cœur.

EUPHEMON.

Mais, sçauriez-vous....

LISE.

Surtout ce qui le touche,
La verité vous parle par ma bouche.

EUPHEMON.

C'est trop, c'est trop me tenir en suspens;
Ayez pitié du déclin de mes ans;
J'espere encor, & je suis plein d'allarmes;
J'aimai mon fils, jugez-en par mes larmes.
Ah! s'il vivoit, s'il étoit vertueux!
Expliquez-vous, parlez-moi;

G

LISE.

Je le veux;

Eh bien, sçachez. . . .

SCENE VI.

Acteurs précédens, FIERENFAT, RONDON,
Me CROUPILLAC, EUPHEMON fils
l'épée à la main, EXEMPTS.

FIERENFAT.

Vite qu'on l'environne,
Point de quartier, faisissez sa personne.

RONDON *aux Exempts.*

Montrez un cœur au dessus du commun,
Soyez hardis, vous êtes six contre un.

LISE.

Ah malheureux ! arrêtez.

MARTHE.

Comment faire ?

EUPHEMON fils.

Lâches, fuyez. . . . où suis-je ? c'est mon pere.

Il jette son épée.

EUPHEMON pere.

Que vois-je, hélas !

EUPHEMON fils *aux pieds de son pere.*

Un trop malheureux fils

Qu'on pourfuivoit, & qui vous eft foumis.

LISE.

Oui, le voilà cet inconnu que j'aime.

RONDON.

Ma foi, c'eft lui.

FIERENFAT.

Mon frere ?

Me CROUPILLAC.

O Ciel !

MARTHE.

Lui-même.

EUPHEMON fils.

Connaiffez-moi, décidez de mon fort,

J'attends d'un mot ou la vie ou la mort.

EUPHEMON pere.

Ah ! qui t'amene en cette conjoncture ?

EUPHEMON fils.

Le repentir, l'amour & la nature.

LISE *se mettant auffi à genoux.*

A vos genoux vous voyez vos enfans ;

Oui, nous avons les mêmes fentimens,

Le même cœur . . . .

EUPHEMON fils *en montrant Life.*

Hélas ! fon indulgence,

De mes fureurs a pardonné l'offenfe ;

G ij

Suivez, fuivez pour cet infortuné
L'exemple heureux que l'amour a donné;
Je n'efperois dans ma douleur mortelle
Que d'expirer aimé de vous & d'elle,
Et fi je vis, ah ! c'eft pour mériter
Ces fentimens dont j'ofe me flatter ;
D'un malheureux vous détournez la vûe,
De quels tranfports votre ame eft-elle emûe ?
Eft-ce la haine ? Et ce fils condamné....

EUPHEMON pere *fe levant & l'embraffant,*
C'eft la tendreffe, & tout eft pardonné;
Si la vertu regne enfin dans ton ame,
Je fuis ton pere.

LISE.
Et j'ofe être fa femme.
à Rondon.
Unis tous trois permettez qu'à vos pieds,
Nos premiers nœuds foient enfin renoués.
à Euphemon.
Non, ce n'eft pas votre bien qu'il demande,
D'un cœur plus pur il vous porte l'offrande,
Il ne veut rien, & s'il eft vertueux,
Tout ce que j'ai fuffira pour nous deux.

RONDON.
Quel changement ! quoi, c'eft donc-là mon drôle ?

FIERENFAT.
Oh, oh ! je joue un fort fingulier rôle;

Tu-dieu, quel frere !

EUPHEMON pere.

Oui, je l'avois perdu ;
Le repentir, le Ciel me l'a rendu.

Mᵉ CROUPILLAC.

C'eſt Euphemon? tant mieux.

FIERENFAT.

La vilaine ame !
Il ne revient que pour m'ôter ma femme.

EUPHEMON fils *à Fierenfat.*

Il faut enfin que vous me connaiſſiez ,
C'eſt vous, Monſieur, qui me la raviſſiez ;
Dans d'autre tems j'avois eu ſa tendreſſe ;
L'emportement d'une folle jeuneſſe
M'ôta ce bien dont on doit être épris ,
Et dont j'avois trop mal connu le prix ;
J'ai retrouvé dans ce jour ſalutaire ,
Ma probité , ma maîtreſſe , mon pere ,
M'envieriez-vous l'inopiné retour
Des droits du ſang & des droits de l'amour ?
Gardez mes biens , je vous les abandonne ;
Vous les aimez. . . moi j'aime ſa perſonne ;
Chacun de nous aura ſon vrai bonheur ,
Vous dans mes biens, moi, Monſieur, dans ſon cœur.

EUPHEMON pere.

Non , ſa bonté ſi deſintereſſée ,
Ne ſera pas ſi mal récompenſée ;

Non, Euphemon, ton pere ne veut pas
T'offrir fans bien, fans dot à fes appas.

RONDON.

Oh! bon cela.

Mᶜ CROUPILLAC.

Je fuis émerveillée,

Toute ébaudie & toute confolée ;

Ce Gentil-homme eft venu tout exprès,

En vérité pour venger mes attraits.

à Euphemon fils.

Vîte époufez, le Ciel vous favorife ;

Car tout exprès pour vous il a fait Life,

Et je pourrois par ce bel accident,

Si l'on vouloit, ravoir mon Préfident.

LISE *à Rondon.*

De tout mon cœur ; & vous fouffrez, mon pere,

Souffrez qu'une ame & fidelle & fincere,

Qui ne pouvoit fe donner qu'une fois,

Soit ramenée à fes premieres loix.

RONDON.

Si fa cervelle eft enfin moins volage ;

LISE.

Oh ! j'en réponds.

RONDON.

S'il t'aime, s'il eft fage ;

LISE.

N'en doutez pas.

RONDON.

Si ſurtout Euphemon,
D'un ample dot lui fait un large don ,
J'en ſuis d'accord.

FIERENFAT.

Je gagne en cette affaire
Beaucoup ſans doute , en trouvant un mien frere ;
Mais cependant je perds en moins de rien
Mes frais de nôce , une femme & du bien.

Me CROUPILLAC.

Eh, ſi vilain , quel cœur ſordide & chiche !
Faut-il toujours courtiſer la plus riche ?
N'ai-je donc pas en contrats, en châteaux ,
Aſſez pour vivre , & plus que tu ne vaux ?
Ne ſuis-je pas en datte la premiere ?
N'as-tu pas fait dans l'ardeur de me plaire ,
De longs ſermens tous couchés par écrit ,
Des madrigaux , des chanſons ſans eſprit ?
Entre les mains j'ai toutes tes promeſſes,
Nous plaiderons , je montrerai les pieces ;
Le Parlement doit en ſemblable cas
Rendre un Arrêt contre tous les ingrats.

RONDON.

Ma foi, l'ami , crains ſa juſte colere ,
Epouſe-la , crois-moi, pour t'en défaire.

EUPHEMON pere *à Croupillac.*

Je ſuis confus du vif empreſſement ,
Dont vous flattez mon fils le Préſident,

Votre procès lui devroit plaire encore,
C'eſt un dépit dont la cauſe l'honore ;
Mais permettez que mes ſoins réunis,
Soient pour l'objet qui m'a rendu mon fils ;
Vous, mes enfans, dans ces momens proſperes,
Soyez unis, embraſſez-vous en freres ;
Vous, mon ami, rendons graces aux Cieux,
Dont les bontez ont tout fait pour le mieux ;
Non, il ne faut, & mon cœur le confeſſe,
Deſeſpérer jamais de la jeuneſſe.

Fin du cinquiéme & dernier Acte.